GUSTAVO VALENTE

Dinheiro no Piloto Automático

O guia prático para quitar dívidas, investir do zero e criar um sistema que trabalha por você.

First edition

This book was professionally typeset on Reedsy.
Find out more at reedsy.com

Contents

Introdução 0: O Despertar Financeiro

0.1 O Mito do "Ganhar Mais" vs. Saber Gerir

Você já sentiu isso? Aquele frio na espinha ao abrir o aplicativo do banco nos últimos dias do mês? A sensação de que, não importa o quanto você trabalhe ou o quão bem-sucedido pareça aos olhos dos outros, o dinheiro simplesmente... desaparece.

Talvez você tenha recebido aquela promoção tão sonhada, um aumento que, na teoria, deveria resolver todos os seus problemas. Por algumas semanas, a sensação foi de alívio. Você finalmente poderia respirar, talvez trocar de carro, fazer aquela viagem ou reformar a cozinha. Mas, de alguma forma, meses depois, a mesma ansiedade voltou. As contas parecem ter crescido na mesma proporção que o seu salário, e a linha de chegada da tranquilidade financeira parece ter se movido para ainda mais longe.

Se essa história soa familiar, saiba que você não está sozinho. Você é vítima de um dos mitos mais persistentes e perigosos da nossa cultura: **a crença de que ganhar mais dinheiro é a solução para os problemas financeiros.**

Essa é a grande mentira que nos contam desde cedo. Focamos em subir na carreira, em buscar salários maiores, em trabalhar mais horas, acreditando que um contracheque mais gordo será o passaporte para a paz de espírito. Mas a realidade, para a maioria esmagadora das pessoas, é outra. O que acontece é um fenômeno conhecido como **inflação do estilo de vida**. Assim que sua renda aumenta, seus gastos aumentam para acompanhá-la, ou até mesmo superá-la. O novo carro vem com um seguro mais caro. A casa maior exige mais manutenção. As férias mais sofisticadas se tornam o novo padrão.

Você entra em uma esteira rolante. Corre cada vez mais rápido, mas permanece no mesmo lugar. Cansado, frustrado e se perguntando o que está fazendo de errado.

Conheci a Juliana, uma arquiteta brilhante de 34 anos. Ela ganhava um salário que a colocava no topo da pirâmide em sua profissão. Para seus amigos e familiares, ela era a imagem do sucesso: apartamento moderno, viagens internacionais no Instagram, roupas de grife. Mas, por dentro, Juliana vivia um pesadelo silencioso. Ela tinha pavor de olhar a fatura do cartão de crédito e não tinha mais de mil reais em sua conta de investimentos. Cada novo projeto, em vez de trazer segurança, trazia mais pressão para manter as aparências. Ela estava presa no ciclo de "ganhar para gastar", e a ideia de perder o emprego a paralisava de medo.

A história da Juliana não é sobre falta de inteligência ou de esforço. É sobre a falta de um sistema. É a prova de que a liberdade financeira não é sobre o *tamanho* do seu salário, mas sobre a *lógica* que você aplica a ele.

Este livro foi escrito para quebrar esse mito de uma vez por todas. O objetivo aqui não é ensinar você a conseguir um aumento—embora isso possa ser uma consequência. O objetivo é dar a você um novo conjunto de ferramentas, uma **nova lógica do dinheiro**, que transforma qualquer renda em um motor de construção de riqueza. Vamos mudar o foco da sua energia. Em vez de correr desesperadamente atrás de mais dinheiro, você vai aprender a construir um sistema inteligente que otimiza, protege e multiplica o dinheiro que você *já tem*.

A verdadeira riqueza não está em quanto você ganha, mas em quanto você consegue manter, e, mais importante, em quanto esse montante trabalha para você. É sobre a diferença entre parecer rico e *ser* verdadeiramente rico. E essa jornada começa com a decisão de sair da esteira.

0.2 Por que os Métodos Tradicionais de Economia Falham

Você já tentou organizar suas finanças antes, não é mesmo? Provavelmente, sua jornada foi algo assim: motivado por um susto na fatura do cartão ou por uma resolução de Ano Novo, você baixou um aplicativo de controle de gastos. Talvez tenha criado uma planilha complexa, com dezenas de categorias, fórmulas e gráficos coloridos.

Nas primeiras semanas, tudo correu bem. Você anotou cada centavo, cada cafezinho, cada despesa com transporte. Sentiu-se no controle. Mas, aos poucos, a disciplina começou a vacilar. Um dia você se esqueceu de registrar uma compra. No outro, a preguiça falou mais alto. Quando percebeu, a planilha estava desatualizada há um mês e o aplicativo, esquecido em alguma pasta do seu celular. A culpa e a frustração tomaram conta, e você concluiu, mais uma vez: "Eu simplesmente não sou bom com dinheiro".

A verdade é que o problema não é você. **O problema são os métodos.**

Os conselhos financeiros tradicionais falham miseravelmente para a maioria das pessoas por três motivos principais:

1. **Eles ignoram a psicologia humana.** Métodos tradicionais tratam o gerenciamento de dinheiro como um problema puramente matemático. Eles assumem que somos seres perfeitamente lógicos, capazes de tomar decisões racionais o tempo todo. A realidade é que nossas decisões financeiras são 90% emocionais. Gastamos por estresse, por felicidade, por tédio, por pressão social. Uma planilha não entende de ansiedade. Um aplicativo não compreende o desejo de pertencimento. Ao ignorar o motor emocional por trás dos nossos hábitos, esses métodos estão fadados ao fracasso.
2. **Eles se baseiam em restrição e culpa.** A abordagem clássica é a do "orçamento da privação". Você é instruído a cortar tudo o que lhe dá prazer: o cafezinho na padaria, o jantar fora com amigos, a assinatura do seu serviço de streaming favorito. Isso transforma o dinheiro em um inimigo, uma fonte constante de culpa e sacrifício. É como uma dieta radical: funciona por um tempo, mas é insustentável a longo prazo. Ninguém consegue viver em um estado de privação permanente. A rebelião é inevitável, e ela geralmente vem na forma de gastos impulsivos que destroem todo o progresso feito.
3. **Eles são excessivamente complexos.** O mundo financeiro adora jargões e complexidade. Falam de *benchmark, spread, alocação de ativos* e outras palavras que parecem desenhadas para intimidar quem não é da área. As planilhas com inúmeras abas e categorias exigem mais tempo e energia do que a maioria das pessoas ocupadas pode dedicar. A complexidade gera paralisia. Diante de um sistema complicado demais,

a reação mais comum é simplesmente não fazer nada.

Este livro joga fora essa abordagem. Não vamos criar planilhas que exigem um doutorado para serem preenchidas. Não vamos culpar você por querer desfrutar da vida. E, definitivamente, não vamos usar um "economês" indecifrável.

Nossa filosofia é diferente. Acreditamos em:

- **Sistemas, não força de vontade:** Em vez de depender de sua disciplina diária (que é um recurso finito), vamos criar um sistema automatizado que toma as decisões certas por você, no piloto automático.
- **Comportamento antes da matemática:** Primeiro, vamos entender e reescrever seu *script* mental sobre o dinheiro. Depois, usaremos a matemática simples para apoiar seus novos hábitos.
- **Gastos conscientes, não privação:** Você aprenderá a gastar extravagantemente nas coisas que ama, e a cortar impiedosamente o que não importa. O objetivo é maximizar sua felicidade, não sua miséria.

Chega de se sentir um fracasso. Os métodos antigos falharam com você. Está na hora de tentar algo que realmente funciona, porque foi desenhado para seres humanos reais, com emoções, sonhos e a ocasional vontade de pedir uma pizza na terça-feira.

0.3 A Promessa: De Devedor a Investidor em 12 Meses

Vamos ser diretos. O que você pode esperar ao final da leitura e, mais importante, da aplicação deste livro? Qual é a transformação que o espera do outro lado?

Imagine, daqui a exatamente um ano, acordar em uma manhã de segunda-feira. Você pega o celular, mas em vez daquela pontada de ansiedade ao abrir o aplicativo do banco, você sente uma calma profunda. Uma sensação de controle. Você vê que suas contas foram pagas automaticamente, uma parte do seu salário foi direto para sua reserva de emergência e outra quantia já está trabalhando para você no mercado financeiro. Tudo isso aconteceu enquanto você dormia.

Você sai para jantar com amigos e não sente culpa ao pagar a conta, porque sabe que esse gasto estava planejado dentro do seu "dinheiro da felicidade", uma verba separada para você aproveitar a vida sem peso na consciência. Quando pensa no futuro, na sua aposentadoria ou em um grande sonho, o sentimento não é de pânico, mas de otimismo, pois você tem um plano claro e um sistema que o aproxima desses objetivos a cada dia.

Essa não é uma fantasia. É a realidade que você pode construir. A promessa deste livro é levá-lo de um estado de estresse e sobrevivência financeira para um estado de **controle, segurança e crescimento patrimonial automatizado.**

Esta é a nossa promessa para você, em passos concretos:

- **Paz de espírito imediata:** Você terá um mapa claro, um passo a passo que elimina a confusão e a paralisia. Saber o que fazer e em que ordem é o primeiro passo para acabar com a ansiedade.
- **Eliminação de dívidas tóxicas:** Apresentaremos estratégias comprovadas para você quitar as dívidas de cartão de crédito e cheque especial, que são as verdadeiras âncoras que impedem seu progresso.
- **Construção da sua fortaleza financeira:** Você montará sua reserva de emergência, um colchão de segurança que o protegerá de imprevistos e lhe dará o poder de dizer "não" a situações que não lhe servem mais, seja um emprego ruim ou um negócio que não dá certo.
- **Uma máquina de riqueza automática:** Vamos construir juntos um sistema onde seu dinheiro é distribuído e investido automaticamente no dia do pagamento. Você vai parar de depender da força de vontade para poupar e investir.
- **Liberdade para viver o presente:** Ao automatizar o futuro, você ganha permissão para gastar com o que realmente importa no presente, sem

culpa. Você vai descobrir a diferença crucial entre economizar e viver uma vida restrita.

- **De devedor a investidor:** Sim, em 12 meses. Seguindo o plano, você sairá da defensiva (pagando juros para os outros) e passará para o ataque (recebendo juros e fazendo seu dinheiro se multiplicar).

Este não é um esquema de enriquecimento rápido. Não prometo que você se tornará milionário em um ano. A construção de riqueza sólida é uma maratona, não uma corrida de 100 metros. Mas a mudança de devedor para investidor, de ansioso para confiante, essa sim é uma transformação que pode e vai acontecer nesse período.

Tudo o que você precisa está nestas páginas. O método é simples, testado e feito para pessoas normais. Sua única tarefa é se comprometer com a jornada.

0.4 Como Usar Este Livro: Teoria e Ação

Este não é um livro para ser apenas lido e colocado na estante. Pense nele como um manual de instruções para sua nova vida financeira, um guia prático que exige sua participação ativa. A transformação só acontece quando o conhecimento se transforma em ação.

Para extrair o máximo valor destas páginas, estruturei o conteúdo de uma forma lógica e progressiva, dividida em três grandes fases:

1. **A Fundação (O Mindset):** Nos primeiros capítulos, não falaremos de números ou planilhas. Vamos mergulhar fundo na psicologia do dinheiro. Você vai desenterrar as crenças limitantes que aprendeu na infância, entender os gatilhos emocionais que levam a gastos ruins e reescrever sua história financeira. Ignorar esta fase é como construir uma casa sobre areia movediça. Primeiro, fortalecemos a base.
2. **A Construção (O Sistema):** Com a mentalidade correta, partiremos para a ação. Aqui, você fará um diagnóstico completo da sua situação atual, criará um plano para eliminar dívidas, construirá sua reserva de

emergência e implementará um orçamento simples e flexível. É a parte "mão na massa", onde a organização acontece.

3. **A Aceleração (A Automação e o Crescimento):** Na fase final, você aprenderá a fazer seu dinheiro trabalhar para você. Vamos desmistificar o mundo dos investimentos, mostrando caminhos simples e seguros para começar. E o mais importante: vamos conectar todas as peças para criar um sistema financeiro totalmente automatizado, que funciona no piloto automático e libera sua mente para focar no que realmente importa.

Para garantir que você não apenas leia, mas também implemente, cada capítulo foi desenhado com elementos práticos:

- **Histórias da Vida Real:** Você encontrará breves relatos de pessoas como você, que enfrentaram os mesmos desafios e conseguiram dar a volta por cima. Elas servem para inspirar e mostrar que a mudança é totalmente possível.
- **Linguagem Simples e Direta:** Qualquer termo técnico, como "ETF" ou "Taxa Selic", será explicado de forma clara, com analogias e exemplos do dia a dia. O objetivo é capacitar você, não confundir.
- **Resumo e Plano de Ação:** Ao final de cada capítulo, você encontrará uma seção chamada "Principais Ideias" ou "Passos de Ação". Este é o seu checklist. Ele resume os pontos mais importantes e lhe dá de 2 a 3 tarefas práticas e imediatas para aplicar o que aprendeu. Não avance para o próximo capítulo sem antes completar essas tarefas.

Meu conselho para você é: pegue um caderno que será seu "Diário Financeiro". Use-o para fazer os exercícios, anotar reflexões e acompanhar seu progresso. Comprometa-se a ler um capítulo por semana e a implementar as ações propostas.

A jornada para a tranquilidade financeira não é um evento, é um processo. E esse processo começa agora, com a sua decisão de virar a primeira página e se comprometer com a construção de uma vida mais rica, livre e consciente.

Vamos começar.

Resumo do Capítulo

- **O Mito do "Ganhar Mais":** Acreditar que um salário maior resolverá seus problemas financeiros é uma armadilha. A verdadeira solução está em gerenciar bem o que você já ganha, evitando a inflação do estilo de vida.
- **A Falha dos Métodos Tradicionais:** Planilhas complexas, orçamentos restritivos e o foco apenas na matemática ignoram a psicologia humana e estão fadados ao fracasso. A nova abordagem foca em sistemas, comportamento e gastos conscientes.
- **A Promessa:** Este livro oferece um plano passo a passo para levá-lo de um estado de ansiedade e dívida para um de controle, segurança e investimento automatizado em 12 meses. A meta é a paz de espírito e a construção de uma máquina de riqueza.
- **Como Usar Este Livro:** Este é um guia prático. A jornada é dividida em três fases (Mindset, Sistema e Automação). Comprometa-se a realizar as atividades propostas ao final de cada capítulo para garantir uma transformação real e duradoura.

Capítulo 1: A Psicologia do Dinheiro (Mindset)

Se o seu dinheiro pudesse falar, o que ele diria sobre você? Ele contaria uma história de controle, propósito e tranquilidade, ou uma de ansiedade, culpa e caos? Antes de mergulharmos em planilhas, investimentos e estratégias, precisamos encarar a verdade fundamental: a sua vida financeira não é moldada por fórmulas matemáticas, mas sim pela complexa e muitas vezes invisível relação que você tem com o dinheiro.

Este capítulo é a base de tudo. É onde vamos desenterrar as raízes dos seus comportamentos financeiros. Aqui, você não encontrará dicas para cortar o cafezinho, mas sim um espelho para entender *por que* você sente a necessidade de comprar esse café todos os dias. Vamos desvendar as histórias que você conta a si mesmo sobre riqueza, sucesso e felicidade.

Prepare-se para uma jornada interna. Vamos desmontar o motor da sua vida financeira, limpar as peças velhas e enferrujadas e remontá-lo com um novo sistema operacional—um mindset preparado não apenas para sobreviver, mas para prosperar.

1.1 Crenças Limitantes: O Que Seus Pais Ensinaram Errado

"Dinheiro não dá em árvore." "Falar sobre dinheiro é falta de educação." "Gente rica não vai para o céu." Soa familiar? Essas frases, ditas com boa intenção por pais, avós e professores, são como sementes plantadas em solo fértil durante a nossa infância. Elas crescem e se transformam em árvores robustas de crenças que, na vida adulta, dão frutos amargos: autosabotagem, medo de investir e uma sensação constante de que o dinheiro é um inimigo a ser combatido, não um aliado a ser cultivado.

Você não nasceu com um "gene da dívida" ou uma incapacidade natural de lidar com finanças. O que você tem é um **script financeiro mental**, um roteiro invisível que dita cada uma das suas decisões. Esse roteiro foi escrito nos primeiros anos da sua vida, baseado no que você viu, ouviu e sentiu sobre dinheiro.

Se você cresceu em um lar onde cada conta era motivo de briga e estresse, é provável que associe dinheiro à dor e à ansiedade, evitando olhar seu extrato bancário a todo custo. Se seus pais diziam que pessoas ricas eram desonestas, você pode inconscientemente sabotar suas próprias chances de aumentar sua renda para não se tornar uma "pessoa má".

Vamos analisar algumas das crenças mais comuns e destrutivas:

- **"Eu não sou bom com números."** Essa é uma das desculpas mais paralisantes. Gerir finanças pessoais tem muito mais a ver com comportamento e hábitos do que com matemática avançada. Se você consegue somar os itens de um carrinho de supermercado, tem toda a capacidade matemática de que precisa. Acreditar nisso é dar a si mesmo permissão para permanecer ignorante e fora de controle.
- **"É preciso trabalhar até a exaustão para ser rico."** Essa crença glorifica o sacrifício e nos prende à ideia de que a única forma de ganhar mais é trocando mais horas de vida por dinheiro. Ela nos impede de buscar formas inteligentes de fazer o dinheiro trabalhar para nós, como investir ou criar fontes de renda passiva.
- **"Investir é para ricos."** Esse mito mantém milhões de pessoas presas na poupança, vendo seu poder de compra ser corroído pela inflação. A verdade é que hoje, com poucos cliques e menos de cem reais, qualquer pessoa pode se tornar sócia de grandes empresas ou investir no tesouro nacional. A barreira não é mais financeira; é mental.

O primeiro passo para a cura não é culpar seus pais. Eles fizeram o melhor que podiam com o conhecimento que tinham. O passo crucial é a **consciência**. É iluminar essas crenças, olhá-las de frente e questionar sua validade. Elas são realmente suas? Elas ainda servem a você hoje? Perceber que seu roteiro atual não foi escrito por você é o que lhe dá o poder de pegar a caneta e começar a escrever uma nova história.

1.2 O Ciclo Hedônico: Por que Nada Nunca é Suficiente

Lembra daquela euforia que você sentiu quando conseguiu a promoção, comprou seu primeiro carro ou aquele smartphone de última geração? A sensação de que, *finalmente*, as coisas seriam diferentes? E quanto tempo essa felicidade durou? Uma semana? Um mês? Logo, a promoção se tornou o novo salário normal, o carro virou apenas um meio de transporte e o celular, um objeto comum.

Bem-vindo à **esteira hedônica**, um dos maiores sabotadores da sua felicidade e da sua saúde financeira. Esse conceito psicológico descreve nossa incrível capacidade de nos adaptarmos rapidamente a novas situações, sejam elas boas ou ruins. Não importa o quão alto subamos, nossa linha de base de felicidade tende a voltar ao ponto de partida.

É por isso que o aumento de salário que parecia resolver todos os seus problemas desaparece magicamente no orçamento alguns meses depois. Você começa a justificar novos gastos: "Agora eu mereço um apartamento melhor", "Posso finalmente jantar naquele restaurante caro", "Preciso de roupas que combinem com meu novo cargo". Seu estilo de vida infla para acompanhar sua nova renda, e em pouco tempo, você está de volta à mesma sensação de aperto financeiro, só que com um padrão de vida mais caro.

Esse ciclo é uma armadilha perigosa. Ele nos mantém correndo em uma esteira, sempre buscando a próxima "compra da felicidade" ou a próxima meta de renda, acreditando que a próxima conquista nos trará satisfação duradoura. Mas a esteira apenas aumenta de velocidade. Você corre mais rápido, gasta mais energia, mas nunca sai do lugar.

As redes sociais potencializam esse efeito de forma devastadora. Vemos o palco dos outros—as viagens perfeitas, os carros brilhantes, as casas decoradas—e comparamos com os nossos bastidores. A pressão para "manter as aparências" nos empurra para gastos que não podemos arcar, em uma busca fútil por uma felicidade que é, na melhor das hipóteses, temporária.

Sair da esteira hedônica não significa abrir mão de ambições ou viver uma vida de privações. Significa mudar a métrica do sucesso. Em vez de perguntar "Como posso ter mais?", comece a perguntar **"O que é suficiente para mim?"**. A verdadeira riqueza não está em ter tudo o que se quer, mas em querer tudo o que se tem. É encontrar alegria no processo, e não apenas no destino. É desvincular sua autoestima do seu patrimônio e seu contentamento das suas posses. Ao fazer isso, você para de correr e, pela primeira vez, começa a caminhar em direção à verdadeira liberdade financeira.

1.3 Dinheiro e Emoção: Identificando os Gatilhos de Gastos

Você já chegou em casa com sacolas de compras sem saber direito por que comprou aquelas coisas? Ou talvez tenha estourado o limite do cartão de crédito após um dia terrível no trabalho, pensando "Eu mereço um agrado"? Se sim, você não está sozinho. Tomamos 95% das nossas decisões financeiras no piloto automático, guiados por emoções, e não pela lógica.

Acreditamos que somos seres racionais que comparam preços e analisam o custo-benefício, mas a verdade é que nosso cérebro emocional está no comando na maior parte do tempo. Compramos para celebrar, para aliviar a dor, para preencher um vazio ou para projetar uma imagem. O marketing sabe disso muito bem e explora nossos gatilhos emocionais com maestria.

Identificar seus gatilhos é como acender uma luz em um quarto escuro. De repente, você consegue ver os obstáculos que o faziam tropeçar. Aqui estão os mais comuns:

- **Estresse e Tristeza:** A famosa "terapia do varejo". Quando nos sentimos para baixo ou sobrecarregados, uma compra pode oferecer uma dose rápida de dopamina, o neurotransmissor do prazer. O problema é que o alívio é momentâneo, mas a fatura do cartão é bem real e duradoura, muitas vezes gerando mais estresse.
- **Tédio:** Quantas vezes você entrou em um site de compras online simplesmente para "passar o tempo"? O tédio nos torna vulneráveis

a ofertas e promoções, levando a compras que não precisamos e nem queríamos de verdade.

- **Pressão Social e Comparação:** A síndrome do "gramado do vizinho". Vemos um amigo postar uma foto de uma viagem exótica no Instagram e imediatamente sentimos uma pontada de inveja e o desejo de fazer o mesmo. Gastamos dinheiro que não temos para impressionar pessoas que, na maioria das vezes, não estão prestando tanta atenção assim.
- **Euforia e Celebração:** "Passei no concurso! Vou comemorar comprando aquele relógio!" A alegria é um gatilho poderoso. Associamos a recompensa a um gasto elevado, quando poderíamos celebrar de formas mais significativas e menos custosas.
- **Culpa:** Pais que trabalham muito podem tentar compensar a ausência com presentes caros para os filhos. Gastamos com os outros para aliviar nossa própria consciência, criando um ciclo financeiramente insustentável.

O objetivo não é se tornar um robô sem emoções. É trazer **consciência** para o momento da decisão. Antes de passar o cartão, faça uma pausa de 30 segundos e se pergunte: *O que estou sentindo agora? Por que eu realmente quero comprar isso?* Essa simples pausa pode ser a diferença entre uma decisão impulsiva e uma escolha intencional. Ao entender seus gatilhos, você retoma o controle. Você deixa de ser um passageiro das suas emoções e se torna o piloto da sua vida financeira.

1.4 A Diferença Crucial entre Ser Rico e Parecer Rico

Imagine dois vizinhos. Marcos mora na casa maior da rua. Ele dirige um SUV de luxo recém-lançado e sua família posta fotos de férias em resorts exclusivos. Ele é a imagem do sucesso. Ao lado, mora Clara. Ela dirige um carro popular com cinco anos de uso, sua casa é confortável, mas modesta, e suas férias são em lugares menos badalados. Para um observador externo, Marcos é claramente o mais rico.

Mas vamos olhar por baixo da superfície. O carro de Marcos é financiado em 60 parcelas. Sua casa tem uma hipoteca pesada. As férias foram parceladas no cartão de crédito, que ele paga o mínimo todo mês. Seu salário é alto, mas suas dívidas são ainda maiores. Ele está preso em uma gaiola dourada, trabalhando incessantemente para manter um estilo de vida que não pode pagar.

Clara, por outro lado, quitou seu carro há anos. Sua casa está paga. E, o mais importante, uma parte significativa de sua renda é investida todos os meses, de forma automática, em uma carteira diversificada de ativos que cresce silenciosamente. Ela não tem a aparência da riqueza, mas possui a essência dela: **liberdade**.

Essa é a diferença crucial entre **parecer rico** e **ser rico**.

Parecer rico é um jogo de ataque, focado em gastos visíveis. É sobre o que você mostra para o mundo. Carros, roupas, relógios, casas. É uma performance para a plateia, financiada, na maioria das vezes, por dívidas e pela ausência de patrimônio.

Ser rico é um jogo de defesa, focado no que você não vê. É o dinheiro que não foi gasto em um carro de luxo e foi investido. É o aumento de salário que não inflou o estilo de vida, mas foi direcionado para a independência financeira. Riqueza é o que você acumula, não o que você gasta. É a capacidade de parar de trabalhar e manter seu padrão de vida.

Mariana, uma advogada de 35 anos, vivia o roteiro de "parecer rica". Ela ganhava bem, mas se sentia perpetuamente pobre. A pressão para acompanhar o padrão de suas colegas era imensa. Quando uma amiga comprou um carro importado, Mariana se sentiu compelida a fazer o mesmo, financiando um veículo que consumia uma fatia gigante de sua renda. A gota d'água foi parcelar uma viagem caríssima para a Europa apenas para ter fotos para postar. Ela voltou com um bronzeado incrível e uma ansiedade paralisante a cada vez que a fatura do cartão chegava.

Exausta, ela decidiu mudar. Vendeu o carro importado, comprou um modelo mais simples e confiável à vista e usou a diferença para quitar todas as suas dívidas de cartão. Com o dinheiro que antes ia para a parcela do carro, começou a investir. No começo, foi difícil. Ela sentiu vergonha de seu "downgrade". Mas, em poucos meses, a vergonha foi substituída por uma sensação que ela não tinha há anos: **paz**. Hoje, Mariana não tem as fotos mais glamourosas, mas dorme tranquilamente sabendo que está construindo uma riqueza real, e não uma fachada de sucesso. Ela trocou a aprovação dos outros pela sua própria liberdade. E essa é a troca mais valiosa que você pode fazer.

1.5 Reescrevendo seu Script Financeiro Mental

Se o seu cérebro é o computador, suas crenças sobre dinheiro são o software que está rodando. E se esse programa estiver cheio de bugs, travando o sistema e impedindo você de alcançar seus objetivos? Não adianta tentar usar aplicativos de finanças de última geração se o sistema operacional de base estiver corrompido. É hora de desinstalar os programas antigos e reescrever seu script financeiro.

Mudar crenças arraigadas não acontece da noite para o dia, mas é um processo totalmente possível e libertador. É um trabalho ativo de neuroplasticidade— a incrível capacidade do nosso cérebro de se reorganizar e formar novas conexões neurais. Você pode, literalmente, treinar seu cérebro para pensar de forma diferente sobre dinheiro.

Aqui está um processo prático de quatro passos para você começar essa reprogramação:

Passo 1: Identifique e Dê Nome à Crença Limitante. Seja específico. Não diga apenas "eu sou ruim com dinheiro". Desenterre a crença raiz. Talvez seja: "Eu não mereço ser rico" ou "Dinheiro sempre acaba antes do fim do mês, não importa o que eu faça". Escreva essa frase em um papel. Olhe para ela. Reconheça-a sem julgamento.

Passo 2: Questione a Crença com Rigor. Agora, seja um detetive. Pergunte-se: Essa crença é 100% verdadeira, sem exceção? De onde ela veio? Quem me ensinou isso? Quais evidências eu tenho de que ela é real? E, mais importante, quais evidências eu posso encontrar que a contradizem? Pense em pessoas que você conhece ou admira que são a prova viva de que essa crença é falsa.

Passo 3: Crie uma Nova Crença Fortalecedora. Essa é a parte criativa. Você precisa formular uma nova verdade para substituir a antiga. A nova crença deve ser positiva, declarada no tempo presente e pessoal.

- *Crença antiga:* "Eu nunca vou sair das dívidas."
- *Nova crença:* "Eu estou no processo de tomar decisões inteligentes que me levam à liberdade financeira todos os dias."
- *Crença antiga:* "Investir é muito arriscado e complicado."
- *Nova crença:* "Eu sou capaz de aprender e aplicar estratégias de investimento simples e eficazes para construir meu futuro."

Passo 4: Ancore a Nova Crença com Evidências. Uma crença não sobrevive sem provas. Você precisa ativamente procurar e celebrar pequenas vitórias que reforcem seu novo script. Pagou uma conta adiantado? Isso é uma evidência de que você está no controle. Economizou R$ 20 ao levar almoço de casa? Evidência de que você é disciplinado. Leu este capítulo até o fim? Evidência de que você está comprometido com sua educação financeira.

Anote essas pequenas vitórias em um caderno ou no bloco de notas do celular. Releia sua nova crença todas as manhãs. Com o tempo e a repetição, a nova conexão neural se fortalecerá, e o novo comportamento se tornará seu padrão automático. Você estará, efetivamente, instalando um novo software para a prosperidade.

1.6 O Poder do "Não": Estabelecendo Limites Financeiros

Dizer "não" para um jantar caro com amigos hoje pode ser o "sim" mais poderoso que você dará para a sua viagem dos sonhos no futuro. Em um mundo que nos incentiva a dizer "sim" para tudo—novas experiências, novos produtos, novos convites—, a habilidade de dizer "não" se tornou um superpoder financeiro.

Muitos de nós associamos o "não" à privação, ao isolamento, a ser o "estraga-prazeres" do grupo. Mas é preciso ressignificar essa palavra. Dizer "não" não é sobre se privar; é sobre **proteger o que é mais importante para você.** Cada vez que você diz "não" para um gasto que não está alinhado com seus valores e objetivos, você está dizendo um "sim" retumbante para o seu futuro, para a sua paz de espírito e para a sua liberdade.

O problema é que dizer "não" é desconfortável. Temos medo de decepcionar os outros, de perder conexões sociais ou de parecermos mesquinhos. A pressão social é real. Então, como estabelecer limites financeiros de forma firme, mas educada?

Primeiro, tenha **clareza sobre seus "sins"**. Por que você está economizando? Qual é o seu grande objetivo? É quitar suas dívidas para dormir em paz? É fazer uma viagem em família? É ter a opção de largar um emprego que você odeia? Quando seu "sim" é forte e vívido, o "não" se torna uma consequência lógica e muito mais fácil de ser dita.

Segundo, prepare alguns scripts. Ter frases prontas na manga diminui a ansiedade do momento.

- **Para convites de amigos:** "Eu adoraria ir, mas estou super focado em uma meta financeira este mês. Que tal marcarmos um café em casa na semana que vem? Eu faço o bolo!" (Você recusa o evento caro, mas reforça a amizade).
- **Para a pressão de vendedores:** "Agradeço a informação, mas isso não está no meu planejamento financeiro no momento." (É firme, educado e não abre espaço para insistência).
- **Para si mesmo (o mais difícil):** Quando o impulso de comprar algo surgir, crie uma regra. A "regra das 24 horas" é excelente. Diga a si mesmo: "Eu não vou comprar isso agora. Se amanhã eu ainda sentir que preciso muito disso, eu reavalio." Na maioria das vezes, o desejo simplesmente desaparece.

O poder do "não" vai além de economizar dinheiro. É um ato de auto-respeito. É a declaração de que você está no comando da sua vida, e não as expectativas dos outros ou os seus impulsos momentâneos. Cada "não" consciente fortalece seu músculo da disciplina e aproxima você da pessoa que deseja se tornar.

Plano de Ação Imediata

1. **Identifique sua Crença Raiz:** Pegue um papel e escreva a frase sobre dinheiro que você mais ouviu na sua infância. Reflita por três minutos sobre como essa única frase pode ter influenciado suas decisões financeiras até hoje. Apenas tome consciência, sem julgamento.
2. **Rastreie um Gatilho Emocional:** Na próxima vez que sentir uma forte vontade de fazer uma compra não essencial (seja online ou em uma loja), pare. Antes de decidir, pegue seu celular e anote em uma nota: "O que estou sentindo agora?". Pode ser tédio, estresse, alegria, inveja. O objetivo é criar o hábito de observar a emoção por trás do impulso.
3. **Pratique um "Não" Consciente:** Encontre uma oportunidade nesta semana para dizer "não" a um pequeno gasto que não seja crucial para você. Pode ser recusar a sobremesa em um restaurante, não comprar aquele café especial ou deixar um item no carrinho de compras online. Sinta o poder de fazer uma escolha deliberada que alinha suas ações aos seus objetivos de longo prazo.

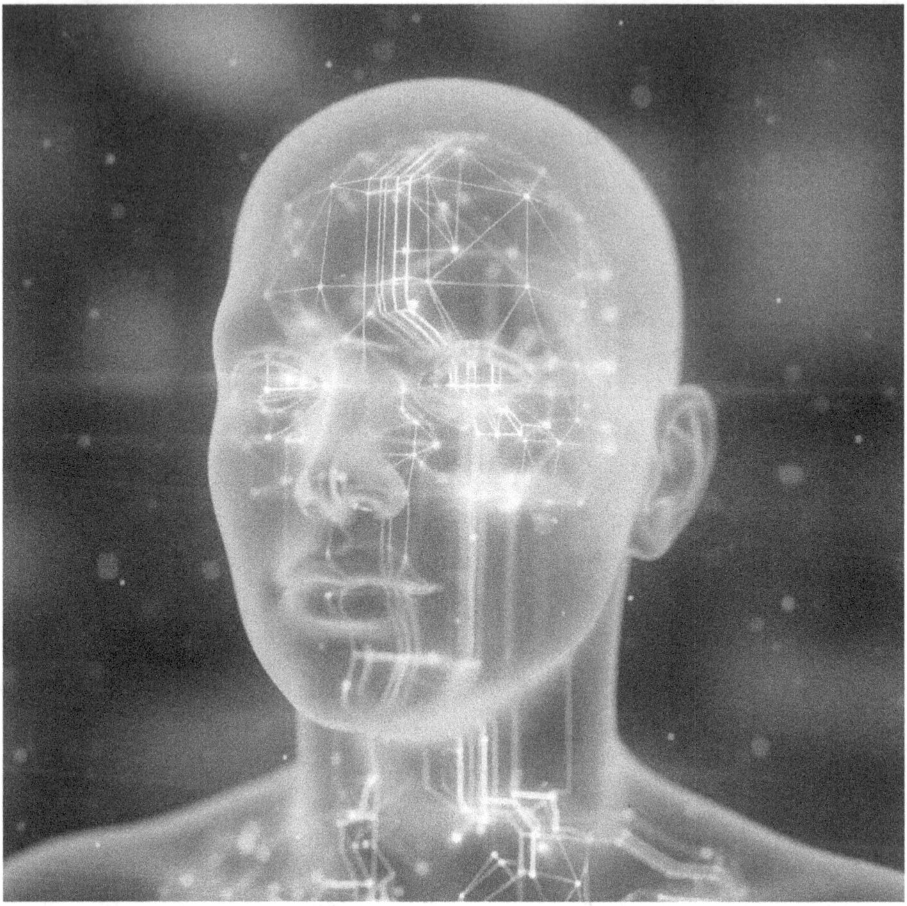

Capítulo 2: O Diagnóstico – Onde Você Está Realmente?

Você já tentou montar um quebra-cabeça sem ver a imagem na caixa? Ou navegar por uma cidade desconhecida sem um mapa? É frustrante, confuso e quase impossível chegar ao destino desejado. Com suas finanças, acontece a mesma coisa. Muitos de nós tentamos "melhorar de vida" ou "economizar mais" sem antes ter um retrato claro e honesto de onde estamos agora.

Este capítulo é o seu mapa. É o momento de acender as luzes e olhar para a sua realidade financeira sem medo, sem julgamento, mas com a coragem de um explorador que está prestes a descobrir o terreno antes de iniciar a jornada. A verdade pode ser desconfortável no início, mas ela é a única coisa que pode, de fato, te libertar. Vamos juntos tirar esse raio-x financeiro, entender cada detalhe e, a partir daí, construir um plano sólido e realista.

2.1 O Raio-X Financeiro: Calculando seu Patrimônio Líquido

Imagine ir ao médico com uma dor persistente. A primeira coisa que um bom profissional faria não é receitar um remédio qualquer, mas pedir um exame — um raio-x, uma ressonância — para entender a causa raiz do problema. Seu patrimônio líquido é o raio-x da sua vida financeira. É o número mais honesto e brutalmente eficaz para medir sua verdadeira saúde financeira, muito mais importante do que o seu salário mensal.

Mas o que é patrimônio líquido? A fórmula é incrivelmente simples:

Tudo o que você possui (Ativos) - Tudo o que você deve (Passivos) = Seu Patrimônio Líquido

É isso. Simples assim. Vamos detalhar:

- **Ativos:** São todos os seus bens que têm valor monetário. Pense em:
- Dinheiro na conta corrente e poupança.
- Valor de seus investimentos (ações, Tesouro Direto, fundos).
- O valor de mercado atual do seu carro (consulte a tabela FIPE, não o valor que você gostaria que ele valesse).
- O valor de mercado do seu imóvel (se tiver um).
- Qualquer outro bem de valor que possa ser convertido em dinheiro.

- **Passivos:** São todas as suas dívidas e obrigações financeiras. Pense em:
- O saldo devedor do seu cartão de crédito.
- Empréstimos pessoais ou consignados.
- O valor que ainda falta para quitar o financiamento do seu carro.
- O saldo devedor do seu financiamento imobiliário.

O resultado dessa conta é o seu verdadeiro "placar" financeiro. Muitas pessoas com salários altos se chocam ao descobrir que têm um patrimônio líquido negativo, pois seus passivos superam seus ativos. Elas parecem ricas, mas na verdade, estão financeiramente frágeis.

Não tenha medo desse número. Se ele for baixo ou negativo, não o veja como um fracasso, mas como seu ponto de partida. É o "Você está aqui" no mapa da sua jornada.

A história de Clara Clara, uma gerente de marketing de 32 anos, ganhava bem e vivia um estilo de vida confortável. No entanto, uma sensação de pânico a invadia toda vez que pensava no futuro. Motivada a mudar, ela decidiu calcular seu patrimônio líquido. Somou seu carro e um pequeno investimento, mas quando listou a fatura do cartão, as parcelas de uma viagem e o empréstimo estudantil, o resultado foi um soco no estômago: -R$ 18.000. Pela primeira vez, ela entendeu que, apesar do salário, estava andando para trás. Aquele número negativo foi o catalisador de que precisava. Um ano depois, seguindo um plano claro, seu patrimônio líquido era de +R$ 5.000. Não era um milhão, mas para Clara, era o número mais bonito do mundo, pois significava progresso e controle.

Calcular seu patrimônio líquido é o primeiro passo para assumir o controle. É trocar a ansiedade da incerteza pela clareza de um diagnóstico.

2.2 Rastreamento de Gastos: A Verdade Dói, Mas Cura

"Para onde foi o meu dinheiro?" Se você já se fez essa pergunta no final do mês, bem-vindo ao clube. A sensação de que o dinheiro simplesmente evapora é uma das maiores fontes de estresse financeiro. A solução para esse mistério não é mágica, é método: rastrear seus gastos.

Eu sei, só de ouvir essa frase você talvez sinta um arrepio. Parece chato, trabalhoso e restritivo. Mas quero que você mude essa perspectiva. Encare o rastreamento não como uma prisão, mas como uma investigação. Você é um detetive por 30 dias, e sua missão é descobrir o paradeiro exato do seu dinheiro. Não é para se julgar, é para entender.

Você não pode gerenciar o que não mede. Tentar economizar sem saber para onde seu dinheiro vai é como tentar perder peso sem ter ideia do que você come. O rastreamento de gastos é o seu diário alimentar financeiro. Ele expõe os padrões, revela os hábitos inconscientes e mostra a verdade nua e crua.

Como fazer isso de forma prática?

- **O método analógico:** Um pequeno caderno e uma caneta. Anote cada centavo que sai do seu bolso, do cafezinho ao aluguel. Simples, mas poderoso.
- **O método digital:** Use um aplicativo de controle financeiro. Muitos se conectam à sua conta bancária e categorizam os gastos automaticamente, exigindo apenas uma revisão sua.
- **O método do extrato:** Uma vez por semana, sente-se com seus extratos bancários e de cartão de crédito e categorize cada transação em uma planilha simples.

O importante é o compromisso. Faça isso religiosamente por apenas um mês. Cada real, cada centavo. A resistência que você sente é o seu cérebro tentando te proteger do desconforto da verdade. Mas é exatamente nessa verdade que o poder de mudança reside. Você vai se surpreender com o que vai descobrir.

A jornada de Rafael Rafael se considerava uma pessoa econômica. Ele não comprava roupas de marca e raramente saía para jantares caros. "Eu simplesmente não sei para onde o dinheiro vai", ele dizia. Cético, ele topou o desafio de rastrear tudo por 30 dias. Ao final do período, a surpresa: ele havia gasto R$ 420 em lanches na rua e cafés "rápidos" perto do trabalho. Quase o valor da mensalidade de um curso que ele sonhava em fazer. Ele não se sentia R$ 420 mais feliz por causa daqueles lanches. A descoberta não o fez se sentir culpado, mas sim poderoso. Ele percebeu que tinha, sim, dinheiro para seus objetivos; ele só estava alocado nos lugares errados.

Rastrear seus gastos não é uma sentença perpétua. É uma ferramenta de diagnóstico de curto prazo com benefícios para a vida inteira. É o passo essencial para transformar a pergunta "Para onde foi?" na afirmação "Eu decido para onde vai".

2.3 Categorizando Despesas: Essenciais, Estilo de Vida e Desperdícios

Depois de 30 dias rastreando seus gastos, você terá em mãos um volume enorme de dados brutos. É como um detetive que coletou todas as pistas. Agora, é hora de organizá-las para que a história que elas contam faça sentido. A forma mais eficaz de fazer isso é dividir cada gasto em uma de três categorias simples.

1. Despesas Essenciais (Necessidades): São os gastos absolutamente necessários para você viver e trabalhar. Se você perdesse o emprego hoje, essas seriam as contas que você ainda precisaria pagar para sobreviver.

- Moradia (aluguel ou prestação do financiamento)
- Contas de consumo (água, luz, gás, internet)
- Alimentação (supermercado básico)

- Transporte (passagem ou combustível para ir ao trabalho)
- Saúde (plano de saúde, remédios essenciais)

2. Despesas de Estilo de Vida (Desejos): Aqui entra tudo o que torna a vida mais agradável, mas que não é estritamente necessário para a sobrevivência. São as escolhas que você faz sobre como viver sua vida.

- Restaurantes, bares e delivery
- Serviços de streaming (Netflix, Spotify)
- Academia
- Compras (roupas, eletrônicos, decoração)
- Viagens e lazer
- Hobbies

3. Desperdícios (Vazamentos): Esta é a categoria mais reveladora. São os gastos que não trazem valor real ou alegria para sua vida. Muitas vezes, eles acontecem por desatenção, preguiça ou falta de planejamento.

- Taxas bancárias e anuidades de cartão que poderiam ser evitadas.
- Multas por atraso de pagamento.
- Assinaturas de serviços que você não usa mais.
- Comida que estraga na geladeira.
- Compras por impulso que geram arrependimento.
- Pagar mais caro por conveniência quando um pouco de planejamento economizaria muito.

A beleza desse sistema está na clareza. Ao olhar para seus gastos divididos nessas três colunas, você imediatamente vê a proporção da sua renda que vai para cada área. A linha entre "Estilo de Vida" e "Desperdício" pode ser tênue e é muito pessoal. O cafezinho diário pode ser um ritual valioso de estilo de vida para uma pessoa, e um desperdício automático para outra. A pergunta a se fazer é: **"Este gasto me traz um retorno de felicidade e bem-estar proporcional ao seu custo?"**

Seja honesto consigo mesmo. O objetivo não é eliminar todas as despesas de estilo de vida — isso tornaria a vida cinzenta e insustentável. O objetivo é identificar e aniquilar os desperdícios para liberar dinheiro que pode ser usado para potencializar seu estilo de vida ou acelerar seus objetivos financeiros.

2.4 Identificando os "Vampiros" do Seu Orçamento

Agora que você categorizou suas despesas, vamos focar na caça aos verdadeiros vilões da sua saúde financeira: os "vampiros" do orçamento. Eles são pequenos, muitas vezes invisíveis, e agem silenciosamente, sugando seu dinheiro pouco a pouco, dia após dia. Individualmente, parecem inofensivos. Somados ao longo de um ano, podem representar o valor de uma viagem dos sonhos, a entrada de um carro ou a sua reserva de emergência inteira.

Esses vampiros se escondem principalmente na categoria de "Desperdícios", mas também podem estar disfarçados de "Estilo de Vida". Aqui estão os mais comuns:

- **O Vampiro da Assinatura Zumbi:** Aquela assinatura de revista que você não lê, o aplicativo que você usou uma vez ou o serviço de streaming extra que você esqueceu de cancelar após o período de teste. Eles continuam cobrando R$ 19,90 aqui, R$ 29,90 ali, todo santo mês.
- **O Vampiro das Taxas Bancárias:** Anuidades de cartão de crédito que poderiam ser negociadas ou zeradas, pacotes de serviços da sua conta que você não utiliza... Os bancos adoram esses pequenos vazamentos.
- **O Vampiro do "É Só um Lanchinho":** Também conhecido como "Fator Latte", são as pequenas compras diárias que não parecem nada. Um café especial, um salgado na padaria, uma garrafa de água na rua. R$ 10 por dia se transformam em mais de R$ 3.600 por ano.
- **O Vampiro da Preguiça:** Pagar taxas de entrega exorbitantes em vez de planejar e ir ao mercado, comprar produtos na loja de conveniência pelo dobro do preço, pagar juros e multas por esquecer de pagar uma conta.

- **O Vampiro do Desperdício Alimentar:** Comprar mais comida do que você consome e acabar jogando fora. Cada item no lixo é literalmente dinheiro rasgado.

A caça a esses vampiros é a forma mais indolor de gerar mais dinheiro no seu orçamento. Você não está se privando de nada que ama; está simplesmente estancando a sangria de dinheiro que ia para o ralo.

O caso de Mariana e o app fantasma Ao revisar sua fatura, Mariana encontrou uma cobrança mensal de R$ 29,90 de um aplicativo de edição de fotos. Ela lembrou de tê-lo baixado há quase dois anos para um projeto específico e nunca mais usou. Ela se sentiu tola por um instante, mas depois sentiu uma onda de empoderamento. Cancelou na hora. Inspirada, ela fez uma varredura completa e encontrou mais dois "vampiros": uma anuidade de cartão que foi facilmente negociada e um plano de celular com mais dados do que ela precisava. No total, ela liberou R$ 95 por mês no seu orçamento. Isso é R$ 1.140 por ano, conquistado não com mais trabalho, mas com mais atenção.

Pegue suas listas e circule cada um desses vampiros. A sensação de encontrá-los e eliminá-los é viciante e incrivelmente recompensadora.

2.5 A Taxa de Poupança Atual vs. A Ideal

Com o diagnóstico quase completo, chegamos a um dos indicadores mais poderosos da sua jornada financeira: a taxa de poupança. Esqueça a ideia de focar apenas em quanto dinheiro sobra no final do mês. A taxa de poupança coloca esse número em perspectiva e revela a verdadeira velocidade com que você está construindo sua independência.

A fórmula é, novamente, muito simples:

(Valor total que você poupa e investe por mês / Sua renda líquida mensal) x 100 = Sua Taxa de Poupança (%)

Por exemplo, se você ganha R$ 5.000 líquidos e consegue guardar R$ 500 por mês, sua taxa de poupança é de 10%. Se você ganha R$ 10.000 e guarda R$ 700, seu valor absoluto é maior, mas sua taxa de poupança é menor (7%). A pessoa com a maior taxa está no caminho mais rápido para a liberdade financeira, independentemente do salário.

Calcule sua taxa de poupança atual com base nos dados que você coletou. Seja brutalmente honesto. Se você terminou o mês devendo, sua taxa é negativa. E está tudo bem. Lembre-se, este é o ponto de partida.

Qual seria a taxa ideal? Não há um número mágico, mas podemos usar algumas referências:

- **Abaixo de 10% (Zona de Perigo):** Você está vivendo muito perto do limite. Qualquer imprevisto pode te colocar em apuros. É crucial aumentar essa taxa.
- **10% a 20% (Bom Começo):** Este é o padrão recomendado por muitos planejadores financeiros. Você está construindo um futuro, mas pode levar um tempo considerável para atingir grandes objetivos.
- **20% a 40% (Zona de Aceleração):** Aqui as coisas ficam interessantes. Com essa taxa, você sente o poder dos juros compostos e vê seu patrimônio crescer de forma visível, encurtando drasticamente o caminho para a independência financeira.
- **Acima de 40% (Rota para a Liberdade):** Este é o território do movimento FIRE (Financial Independence, Retire Early). Pessoas com essa taxa podem atingir a independência financeira em 10 a 15 anos.

Não se desespere se sua taxa atual for 2% e a meta parece ser 20%. O objetivo não é saltar da noite para o dia. O objetivo é conhecer seu número e se comprometer a melhorá-lo. Aumentar sua taxa em apenas 1% a cada mês, caçando vampiros e otimizando gastos, pode te levar de 2% para 14% em um ano. É um progresso gigantesco e totalmente factível.

2.6 Exercício Prático: O Inventário da Realidade

Chegou a hora de juntar todas as peças. Este não é um exercício teórico; é um convite para você pegar papel e caneta (ou abrir um documento no computador) e criar seu primeiro "Inventário da Realidade". Reserve 30 minutos em um lugar tranquilo onde você não será interrompido.

Passo 1: O Raio-X (Patrimônio Líquido)

- Crie duas colunas: "ATIVOS" e "PASSIVOS".
- Na coluna ATIVOS, liste tudo o que você possui e seu valor estimado. Some o total.
- Na coluna PASSIVOS, liste tudo o que você deve. Some o total.
- Subtraia o Total de Passivos do Total de Ativos. Anote o resultado final em destaque: **Meu Patrimônio Líquido Hoje: R$ _______**

Passo 2: O Compromisso do Detetive

- Pegue sua agenda ou calendário. Marque a data de hoje e a data daqui a 30 dias.
- Escreva: "De [hoje] a [data final], me comprometo a rastrear 100% dos meus gastos usando [seu método escolhido: app, caderno, etc.]".

Passo 3: A Análise Imediata (80/20)

- Pegue o extrato do seu cartão de crédito do último mês.
- Identifique as 5 maiores despesas. Ao lado de cada uma, escreva se foi "Essencial", "Estilo de Vida" ou "Desperdício". O que essa análise rápida te diz?

Passo 4: A Métrica de Velocidade (Taxa de Poupança)

- Com base em seus ganhos e gastos do último mês, calcule sua taxa de poupança atual usando a fórmula da seção anterior.

- Anote o número em destaque: **Minha Taxa de Poupança Atual:** _______%

Parabéns. Você acabou de fazer o que 90% da população nunca fará: encarou a própria realidade financeira de frente. Esses números não te definem, mas eles são o seu mapa. Agora você sabe exatamente onde está. Nos próximos capítulos, vamos usar esse mapa para traçar a rota mais inteligente e rápida para o seu destino: a tranquilidade e a liberdade financeira.

Passos de Ação

- **Calcule seu Patrimônio Líquido:** Use a fórmula Ativos - Passivos. Este é o seu placar financeiro real. Não tenha medo do resultado; ele é apenas o ponto de partida.
- **Inicie o Rastreamento de 30 Dias:** Escolha um método (app ou caderno) e se comprometa a anotar cada centavo gasto. Veja isso como uma coleta de dados, sem julgamento.
- **Categorize suas Despesas:** Separe seus gastos em três baldes: Essenciais (necessidades), Estilo de Vida (desejos) e Desperdícios (vazamentos).
- **Cace os "Vampiros":** Identifique e cancele assinaturas inúteis, negocie taxas e preste atenção aos pequenos gastos que somam muito no final do mês.
- **Descubra sua Taxa de Poupança:** Calcule a porcentagem da sua renda que você realmente consegue guardar. Este número determina a velocidade da sua jornada rumo à independência.

85%

Capítulo 3: Estancando a Sangria – Saindo das Dívidas

Você já sentiu aquele nó no estômago ao abrir a fatura do cartão de crédito? A sensação de que, não importa o quanto você trabalhe, está sempre correndo atrás, tentando tapar buracos que parecem se multiplicar? Se a resposta for sim, saiba que você não está sozinho. A dívida é um peso que suga não apenas seu dinheiro, mas sua energia, sua paz de espírito e seus sonhos.

Este capítulo é o seu kit de primeiros socorros financeiros. É aqui que paramos a hemorragia. Não vamos falar de soluções mágicas, mas de estratégias testadas e comprovadas que colocam você de volta no controle. Vamos transformar o monstro da dívida em um adversário vencível. Ao final deste capítulo, você não apenas terá um plano claro para se livrar das dívidas, mas também terá a mentalidade e as ferramentas para nunca mais voltar a essa situação. Chegou a hora de cortar as correntes.

3.1 Dívida Boa vs. Dívida Ruim: Entendendo a Diferença

Você sabia que nem toda dívida é um monstro devorador de sonhos? Na verdade, algumas dívidas podem ser ferramentas poderosas para construir riqueza. A confusão entre os tipos de dívida é uma das razões pelas quais tantas pessoas se sentem presas. A primeira etapa para estancar a sangria é aprender a diferenciar o veneno do remédio.

A **dívida ruim** é a mais comum e perigosa. É aquela que você contrai para comprar algo que perde valor com o tempo ou que é consumido imediatamente. Pense no saldo rotativo do cartão de crédito, no cheque especial, em empréstimos pessoais para comprar roupas novas ou pagar por uma viagem que você não podia bancar. Essa dívida tem juros altíssimos e não gera nenhum ativo. É como tentar encher um balde furado; o esforço é enorme e o resultado é nulo. Ela te empobrece a cada dia.

Os juros da dívida ruim funcionam como uma força contrária aos seus esforços. Enquanto você rema para frente, eles te puxam para trás com o dobro da força. O carro que você financiou com juros abusivos já vale 30% menos do que quando saiu da concessionária, mas a dívida continua lá, crescendo. Essa é a dívida que causa insônia, ansiedade e brigas familiares. É o nosso inimigo número um, e vamos eliminá-la com precisão cirúrgica.

Por outro lado, existe a **dívida boa**. Essa é uma dívida estratégica, usada para adquirir ativos que têm potencial de valorização ou que podem gerar mais renda do que o custo dos juros. Imagine financiar um imóvel bem localizado cujo aluguel cobre a parcela do financiamento e ainda sobra um pouco. Ou pegar um empréstimo com juros baixos para investir na sua educação, permitindo que você consiga um emprego com um salário muito maior. Ou ainda, um empresário que financia uma nova máquina para sua fábrica, que permitirá triplicar a produção e os lucros.

A chave da dívida boa é simples: o ativo que você compra com ela precisa trabalhar para você e gerar um retorno maior que o custo da dívida. É um investimento. No entanto, exige cuidado e muito cálculo. Mesmo uma "dívida boa" pode se tornar ruim se for mal planejada.

Nosso foco, neste momento da jornada, é aniquilar 100% da dívida ruim. Ela é o que te impede de respirar, de poupar e, finalmente, de investir. Antes de pensar em usar o dinheiro de forma estratégica, precisamos primeiro parar de entregá-lo de bandeja para os bancos em forma de juros abusivos. Entender essa diferença é o que separa a vítima das finanças do comandante do seu próprio destino financeiro.

3.2 O Método Bola de Neve vs. O Método Avalanche

Quando você está se afogando em múltiplas dívidas—cartão da loja, cheque especial, empréstimo pessoal, financiamento do carro—, a sensação é de paralisia. Para onde direcionar seu esforço? Qual conta atacar primeiro? A indecisão muitas vezes nos faz pagar apenas o mínimo em todas elas, o que é o caminho mais longo e caro para a liberdade.

Felizmente, existem duas estratégias principais, testadas e aprovadas por milhões de pessoas, para sair desse labirinto: o Método Bola de Neve e o Método Avalanche. O melhor método não é o que a matemática diz, mas sim o que a sua psicologia permite que você siga até o fim.

O Método Bola de Neve (A Vitória Psicológica)

Este método foca no comportamento humano e na necessidade de motivação. A lógica é simples: você ataca suas dívidas da menor para a maior, independentemente da taxa de juros.

- **Passo 1:** Liste todas as suas dívidas, do menor saldo devedor ao maior.
- **Passo 2:** Pague o valor mínimo em todas as dívidas, exceto na menor.
- **Passo 3:** Junte todo o dinheiro extra que conseguir e ataque a menor dívida com força total até que ela seja quitada.
- **Passo 4:** Uma vez que a primeira dívida foi eliminada, pegue o valor total que você pagava nela (o mínimo + o extra) e some ao pagamento mínimo da próxima menor dívida da lista.

A mágica acontece aqui. Ao quitar a primeira dívida rapidamente, você sente uma injeção de ânimo. Uma vitória! Essa sensação te dá o combustível para continuar. A cada dívida quitada, sua "bola de neve" de pagamento cresce, ganhando velocidade e força para destruir as dívidas maiores que vêm a seguir.

História de Sucesso: A Virada de Mariana

Mariana, uma arquiteta de 34 anos, sentia-se sufocada. Ela devia R$ 800 em um cartão de loja, R$ 2.500 no cheque especial, e R$ 15.000 em um empréstimo pessoal. A dívida do empréstimo tinha os juros mais altos, mas a parcela parecia impagável. Desmotivada, ela decidiu tentar o Método Bola de Neve. Focou toda sua energia nos R$ 800 do cartão. Em dois meses, ela quitou. A sensação de riscar aquela dívida da lista foi tão poderosa que ela sentiu, pela primeira vez em anos, que o controle era possível. Ela pegou o dinheiro que usava para pagar o cartão e direcionou para o cheque especial. Em menos de um ano, estava livre das duas primeiras dívidas e atacando o grande empréstimo com uma confiança que nunca imaginou ter.

O Método Avalanche (A Vitória Matemática)

Se você é uma pessoa mais lógica e disciplinada, o Método Avalanche pode ser o ideal. Aqui, o foco é puramente matemático: economizar o máximo de dinheiro possível com juros.

- **Passo 1:** Liste todas as suas dívidas, da maior taxa de juros para a menor.
- **Passo 2:** Pague o valor mínimo em todas as dívidas, exceto na que tem a maior taxa de juros.
- **Passo 3:** Direcione todo o seu dinheiro extra para a dívida com os juros mais altos até quitá-la.
- **Passo 4:** Após eliminar a primeira, pegue todo o valor que você pagava nela e some ao pagamento da dívida com a segunda maior taxa de juros.

Matematicamente, este método é superior. Você pagará menos juros ao longo do tempo, pois está eliminando a dívida mais "cara" primeiro. O desafio é que pode levar muito mais tempo para sentir a primeira vitória, especialmente se sua dívida mais cara for também a maior em valor. Exige paciência e disciplina para se manter no caminho sem as pequenas comemorações do Método Bola de Neve.

Qual escolher?

Seja honesto com você mesmo. Você precisa de vitórias rápidas para se manter motivado? Escolha a **Bola de Neve**. Você é movido por planilhas, lógica e a otimização de cada centavo, e consegue se manter firme em um plano de longo prazo? Escolha a **Avalanche**.

Não existe escolha errada. O pior plano é não ter plano algum. Escolha um método, comprometa-se e comece hoje.

3.3 Negociação com Credores: Scripts e Estratégias

E se eu te dissesse que o valor que você deve não está escrito em pedra? Muitas pessoas encaram a dívida como uma sentença final, mas a verdade é que, na maioria das vezes, ela é o ponto de partida para uma negociação. Os credores—sejam bancos, financeiras ou lojas—são empresas. E para uma empresa, receber um valor menor é infinitamente melhor do que não receber nada.

Assumir uma postura proativa e ligar para o seu credor muda completamente o jogo. Você deixa de ser um devedor passivo e se torna um cliente buscando uma solução. Isso demonstra responsabilidade e abre portas para acordos que você nem imaginava serem possíveis. Mas para negociar bem, você precisa de preparo.

Passo 1: A Preparação (O Dever de Casa)

Antes de pegar o telefone, você precisa ter clareza total.

1. **Conheça seus números:** Saiba exatamente quanto você deve, qual a taxa de juros e, o mais importante, **quanto você pode pagar por mês de forma realista**. Não prometa um valor que não pode cumprir.
2. **Tenha a história na ponta da língua:** Seja honesto e direto sobre o motivo da sua dificuldade (perda de emprego, despesa médica, etc.). Não precisa ser um drama, apenas um fato.
3. **Defina seu objetivo:** O que você quer? Uma redução no saldo total? Uma diminuição na taxa de juros? Um prazo maior para pagar? Ter um objetivo claro te dá poder na negociação.

Passo 2: A Ligação (Scripts Práticos)

A hora da ligação pode ser intimidante. Use estes scripts como guia, adaptando para a sua realidade. Mantenha um tom calmo, educado e firme.

- **Abertura:**
- "Olá, meu nome é [Seu Nome], e estou ligando sobre a minha conta de número [Número da Conta/Contrato]. Eu estou passando por um momento financeiro desafiador e tenho total interesse em resolver minha pendência com vocês. Com quem eu poderia conversar sobre um possível acordo ou plano de pagamento?"
- **Apresentando a situação e a proposta:**
- "Conforme analisei meu orçamento, a minha capacidade de pagamento atual é de R$ [Seu Valor Realista] por mês. Eu gostaria de saber se

podemos encontrar uma solução dentro dessa realidade, talvez com uma redução dos juros ou um desconto para quitação, para que eu possa honrar meu compromisso de forma sustentável."

- **Durante a negociação (se eles fizerem uma contraproposta):**
- "Eu agradeço essa oferta, mas esse valor ainda está um pouco acima do que meu orçamento permite no momento. Haveria alguma outra possibilidade que poderíamos explorar para chegar mais perto dos R$ [Seu Valor Realista]?"
- **Fechamento e Formalização:**
- "Ótimo, chegamos a um acordo que funciona para mim. Antes de eu efetuar qualquer pagamento, você poderia, por favor, me enviar a formalização deste novo acordo por e-mail? Eu preciso ter todos os termos—novo saldo, valor da parcela, data de vencimento e a confirmação de que este acordo quita a dívida anterior—documentados."

Regras de Ouro da Negociação:

- **Nunca aceite a primeira oferta:** A primeira proposta do credor raramente é a melhor. Sempre há margem para negociação.
- **Documente tudo:** Anote o dia, a hora, o nome do atendente e o número de protocolo. E, acima de tudo, **exija o acordo por escrito** antes de pagar qualquer coisa. Um acordo verbal não tem validade.
- **Não tenha medo de dizer "não":** Se os termos não são bons para você, agradeça o tempo do atendente e diga que irá analisar e retornar depois. Isso te dá tempo para pensar e mostra que você não está desesperado.

Negociar suas dívidas pode te economizar milhares de reais e acelerar imensamente sua jornada para a liberdade financeira. É uma habilidade que, uma vez aprendida, servirá para o resto da sua vida.

3.4 Consolidação de Dívidas: Quando Vale a Pena?

Imagine ter cinco faturas de cartão de crédito, um cheque especial e duas parcelas de empréstimo pessoal chegando em datas diferentes, com taxas de juros que variam de 5% a 15% ao mês. É uma receita para o caos, o estresse e o esquecimento. Agora, imagine trocar todas essas dores de cabeça por uma única parcela mensal, com uma taxa de juros muito menor. Essa é a promessa da consolidação de dívidas.

A consolidação consiste em pegar um novo empréstimo, com condições melhores, para quitar todas as suas outras dívidas mais caras. Em vez de dever para vários credores, você passa a dever para um só. Parece a solução perfeita, certo? Pode ser, mas é uma ferramenta que exige cuidado.

As Vantagens da Consolidação:

1. **Simplificação:** A principal vantagem é a paz de espírito. Gerenciar uma única dívida é infinitamente mais fácil do que lidar com várias. Isso reduz a chance de atrasos e multas.
2. **Redução dos Juros:** O grande objetivo é trocar dívidas com juros altíssimos (como os 14% ao mês do rotativo do cartão) por uma dívida com juros significativamente mais baixos (como 2% a 4% ao mês de um empréstimo pessoal com garantia, por exemplo). Essa diferença representa uma economia enorme.
3. **Melhora no Fluxo de Caixa:** Com uma taxa de juros menor e, possivelmente, um prazo mais longo, sua parcela mensal pode diminuir, aliviando a pressão sobre seu orçamento diário.

Os Riscos e Armadilhas:

1. **Não resolve a causa raiz:** A consolidação organiza a bagunça, mas não cura o hábito que a criou. Se você não mudar seu comportamento de consumo, correrá um risco enorme: quitar os cartões de crédito com o empréstimo e, ao vê-los com o limite livre novamente, voltar a usá-los.

O resultado é a dívida original e a nova dívida consolidada. Um desastre.

2. **Custo total pode ser maior:** Cuidado com os prazos muito longos. Mesmo com uma taxa de juros menor, se você estender o pagamento por muitos anos, o valor total pago em juros no final do período pode acabar sendo maior.
3. **Falsa sensação de segurança:** A redução da parcela mensal pode criar a ilusão de que "sobra" dinheiro, levando a mais gastos em vez de usar a folga para quitar a dívida mais rápido.

Quando a consolidação vale a pena?

A consolidação é uma excelente estratégia se você se encaixa nestes três critérios:

- Você consegue uma taxa de juros no novo empréstimo que é **substancialmente menor** que a média dos juros das suas dívidas atuais.
- Você está 100% **comprometido a mudar seus hábitos financeiros**. Uma boa tática é cancelar alguns dos cartões de crédito quitados para não cair em tentação.
- O plano é usar a economia mensal para **acelerar a quitação** da nova dívida, e não para aumentar seu padrão de vida.

Se você decidir por esse caminho, pesquise em diferentes bancos, cooperativas de crédito e fintechs. Compare o Custo Efetivo Total (CET) do empréstimo, que inclui todos os encargos e taxas, não apenas a taxa de juros nominal. A consolidação pode ser o movimento estratégico que te tira do sufoco, desde que seja o primeiro passo de uma nova vida financeira, e não um simples curativo em um ferimento antigo.

3.5 Mudança de Hábitos para Não Reincidir no Crédito

Pagar todas as suas dívidas é como completar uma maratona. A sensação de cruzar a linha de chegada é eufórica. Mas a verdadeira vitória não está em terminar a corrida, e sim em adotar o estilo de vida de um corredor, para que você possa correr outras maratonas, se quiser. Da mesma forma, o objetivo final não é apenas ficar sem dívidas, mas sim construir os hábitos que garantirão que você nunca mais volte para a prisão do endividamento.

A dívida raramente é um problema de matemática; quase sempre é um problema de comportamento. Ela é o sintoma de hábitos e gatilhos emocionais que nos levam a gastar mais do que ganhamos. Se não tratarmos a causa, a doença voltará. Portanto, esta é talvez a seção mais importante deste capítulo.

Identificando Seus Gatilhos

O primeiro passo é a autoconsciência. Pergunte a si mesmo: *o que me leva a gastar sem pensar?*

- **Gatilhos emocionais:** Você compra quando está triste, estressado ou entediado? Usa as compras como uma forma de recompensa após uma semana difícil?
- **Gatilhos sociais:** Você sente pressão para acompanhar o estilo de vida dos seus amigos? Gasta para impressionar os outros ou para se sentir pertencente a um grupo?
- **Gatilhos ambientais:** A notificação de promoção no celular? Passar em frente à sua loja favorita? O feed infinito do Instagram com produtos e viagens?

Uma vez que você identifica seus gatilhos, pode criar estratégias para desarmá-los.

Estratégias para Blindar Seu Comportamento

1. **A Regra das 24 Horas:** Para qualquer compra não essencial acima de um valor que você definir (R$ 100, por exemplo), force-se a esperar 24 horas. O desejo impulsivo, na maioria das vezes, evapora. Isso te devolve o poder da decisão racional.
2. **Crie Fricção:** Dificulte o ato de gastar. Cancele o salvamento automático do seu cartão de crédito em sites de compras. Deixe o cartão de

crédito em casa e saia apenas com o dinheiro que planeja gastar. Cancele a inscrição de e-mails de marketing e deixe de seguir influenciadores que te fazem sentir que você precisa de mais.

3. **Substitua o Hábito:** Se você gasta por tédio, encontre um hobby gratuito. Leia um livro, ouça um podcast, caminhe no parque. Se gasta para socializar, sugira programas mais baratos aos amigos, como um piquenique em vez de um restaurante caro. É preciso substituir o hábito ruim por um bom, não apenas criar um vácuo.
4. **Visualize sua Liberdade:** Tenha seus grandes objetivos financeiros sempre à vista. Pode ser uma foto do lugar para onde você quer viajar (e pagar à vista), ou um gráfico mostrando o progresso da sua quitação de dívidas. Quando a tentação de gastar aparecer, olhe para o seu objetivo e pergunte: "Esta compra me aproxima ou me afasta do que eu realmente quero?".
5. **Automatize o Sucesso:** A maneira mais eficaz de não gastar dinheiro é garantir que ele nunca fique "dando sopa" na sua conta corrente. Como veremos nos próximos capítulos, você vai automatizar transferências para suas contas de poupança e investimento no dia em que recebe seu salário. O dinheiro que você não vê, você não gasta.

Mudar hábitos é um processo. Haverá dias em que você vai escorregar. Não se culpe. O importante é a consistência, não a perfeição. Cada vez que você diz "não" a um gasto impulsivo, está fortalecendo seu novo músculo financeiro. Essa é a base para uma vida inteira de prosperidade.

3.6 O Sentimento de Liberdade: Celebrando Pequenas Vitórias

A jornada para sair das dívidas é longa e, sejamos honestos, muitas vezes desgastante. É um caminho de sacrifícios, de dizer "não" a si mesmo e aos outros, de focar em um objetivo que parece distante. Se essa jornada for apenas sobre dor e privação, as chances de você desistir no meio do caminho são enormes. É por isso que celebrar as pequenas vitórias não é um luxo, é uma parte essencial da estratégia.

Lembre-se da euforia de quitar aquela primeira dívida no Método Bola de Neve? Precisamos recriar esse sentimento em cada etapa do processo. A celebração funciona como um reforço positivo para o seu cérebro. Ela envia uma mensagem clara: "Veja, esse esforço vale a pena. O que estamos fazendo está funcionando. Continue!". Celebrar transforma um processo de privação em um jogo de conquista, onde cada etapa vencida é um motivo de orgulho.

Mas como celebrar a economia de dinheiro... gastando dinheiro? Parece um contrassenso, mas não é. O segredo está em celebrar de forma intencional, planejada e, acima de tudo, barata ou gratuita. A recompensa deve ser proporcional à conquista e não deve sabotar seu progresso.

Ideias para Celebrar Sem Estourar o Orçamento:

- **Marque o progresso visualmente:** Crie um gráfico ou um termômetro de dívidas em uma folha de papel e cole na parede. A cada R$ 500 ou R$ 1.000 pagos, pinte uma nova seção. O ato visual de ver o progresso é incrivelmente recompensador.
- **Uma noite de "luxo" em casa:** Ao quitar uma dívida, declare uma noite de celebração. Cozinhe sua refeição favorita, abra uma garrafa de vinho que estava guardada, assista àquele filme que você queria ver. O foco é criar uma experiência especial, não comprar algo.
- **Compartilhe a vitória:** Conte para seu parceiro, um amigo de confiança ou um familiar que te apoia. Ser reconhecido pelo seu esforço é uma recompensa social poderosa.
- **Um dia de folga para você:** Use um sábado para fazer algo que você ama e que não custa nada. Uma longa caminhada na natureza, uma tarde lendo no parque, um dia de maratona de séries sem culpa. O prêmio é o tempo e a paz de espírito.

História de Sucesso: O Brinde de Rafael

Rafael estava pagando um financiamento de carro que odiava. Por três anos, cada parcela parecia uma punição. Ele criou um plano para quitar o carro seis meses antes do prazo. Cada vez que ele conseguia pagar R$ 1.000 a mais, ele e sua esposa faziam um brinde especial durante o jantar, celebrando "mais um passo para a liberdade". No dia em que ele fez o último pagamento, eles não foram a um restaurante caro. Foram até o carro, tiraram uma foto de despedida e caminharam até um parque próximo para um piquenique. A celebração não foi sobre gastar, foi sobre reconhecer o fim de um ciclo e o início de uma nova fase, onde aquele dinheiro passaria a trabalhar para os sonhos deles, e não para o banco.

Cada dívida paga é um grilhão que se quebra. Cada celebração é um lembrete do porquê você começou. A verdadeira recompensa não é um objeto que você compra, mas o sentimento indescritível de respirar fundo, sem o peso do mundo financeiro sobre seus ombros. Esse é o sentimento de liberdade. E ele vale cada sacrifício.

Passos de Ação

1. **Faça sua Lista da Verdade:** Pegue uma folha de papel e liste todas as suas dívidas, sem exceção. Anote o credor, o saldo total e a taxa de juros de cada uma. Encare os números de frente. Este é o seu mapa de batalha.
2. **Escolha Sua Arma:** Com a lista em mãos, decida qual método você usará: Bola de Neve (foco na motivação) ou Avalanche (foco na matemática). Reordene sua lista de acordo com o método escolhido. Não pense demais, apenas escolha um e comece.
3. **Faça Uma Ligação:** Escolha uma de suas dívidas (pode ser a menor ou a com juros mais altos) e ligue para o credor esta semana usando os scripts deste capítulo. O objetivo não é fechar um acordo logo de cara, mas sim praticar. Perca o medo do telefone. Você vai se surpreender com o poder que sentirá ao tomar a iniciativa.

Capítulo 4: A Fundação da Segurança – A Reserva de Emergência

Imagine que o motor do seu carro para de funcionar no meio de uma estrada deserta, à noite. Qual é a primeira coisa que você precisa? Não é um guincho, nem um mecânico. É uma lanterna. Algo que ilumine a escuridão, permita que você avalie a situação e decida o próximo passo com calma, em vez de pânico.

Na sua vida financeira, a reserva de emergência é essa lanterna.

É o alicerce silencioso sobre o qual toda a sua estrutura de riqueza será construída. Não é um investimento glamoroso que vai aparecer nas redes sociais. Não vai dobrar de valor em um ano. Sua função é muito mais nobre e fundamental: comprar sua paz de espírito. É o dinheiro que diz para a Lei de Murphy: "Hoje não".

Neste capítulo, vamos construir essa fundação juntos. Você vai descobrir exatamente o que é essa reserva, por que ela não é um investimento, como calcular o valor ideal para você e onde guardá-la para que esteja segura e acessível quando o inesperado bater à sua porta. Este é o passo que transforma a ansiedade em tranquilidade e o medo em controle.

4.1 O Que é e Para Que Serve (Não é Para Investir)

Vamos ser diretos: a reserva de emergência é o seu seguro financeiro pessoal. É um montante de dinheiro guardado especificamente para cobrir despesas inesperadas e essenciais, evitando que você precise se endividar ou vender seus investimentos em um momento ruim para lidar com uma crise.

Pense nela como o extintor de incêndio da sua casa. Você espera nunca precisar usá-lo, mas dorme muito mais tranquilo sabendo que ele está ali, pronto para agir. Você não compraria um extintor esperando que ele se "valorizasse" com o tempo, certo? A função dele é segurança, não lucro. O mesmo vale para a sua reserva.

O maior erro que as pessoas cometem é confundir a reserva de emergência com um investimento. Elas buscam a maior rentabilidade possível para esse dinheiro e acabam colocando-o em lugares de risco, como a bolsa de valores, ou em produtos sem liquidez, como um imóvel. Isso é o equivalente a guardar seu extintor de incêndio em um cofre trancado em outra cidade. Quando o fogo começar, será tarde demais.

A função da reserva financeira pode ser resumida em três pilares:

- **Proteger seu patrimônio:** Em uma emergência, como a perda de um emprego, você não será forçado a vender suas ações em baixa ou a se desfazer de um bem às pressas por um preço muito menor.
- **Evitar novas dívidas:** Sem uma reserva, uma despesa médica inesperada ou um conserto caro no carro se transforma instantaneamente em uma nova fatura de cartão de crédito com juros altíssimos, jogando você de volta para o buraco financeiro.
- **Garantir sua paz de espírito:** Este é o benefício mais subestimado. Saber que você tem um colchão de segurança para lidar com os imprevistos da vida reduz drasticamente o estresse financeiro. Você passa a tomar decisões melhores, tanto na vida pessoal quanto na profissional, porque não está operando em modo de sobrevivência.

A reserva de emergência não é dinheiro "parado". Ele está trabalhando ativamente, 24 horas por dia, para proteger você. É o seu guardião financeiro. O objetivo dele não é te deixar rico, mas sim garantir que você nunca mais fique pobre por causa de um imprevisto.

4.2 Quanto é Suficiente? Calculando seus 6 Meses de Custo de Vida

A pergunta de um milhão de reais: "Ok, entendi. Mas quanto dinheiro eu preciso guardar?". A resposta é surpreendentemente pessoal e mais simples do que parece. A regra de ouro é ter entre **3 a 12 meses do seu custo de vida essencial**.

Note a palavra-chave: **custo de vida**, não salário. Ninguém precisa guardar seis meses de salário bruto. Você precisa guardar o suficiente para cobrir suas despesas essenciais durante esse período. São os gastos que você não pode cortar de jeito nenhum, mesmo em uma crise.

Vamos calcular o seu número juntos. Pegue papel e caneta ou abra uma planilha.

1. **Liste suas despesas essenciais mensais:** Seja honesto e detalhista. Inclua apenas o indispensável para sua sobrevivência.

- Moradia (aluguel ou prestação do financiamento)
- Condomínio
- Contas de consumo (água, luz, gás, internet)
- Alimentação (supermercado e feira)
- Transporte (combustível, passe de ônibus/metrô)
- Saúde (plano de saúde, remédios de uso contínuo)
- Educação (mensalidade escolar dos filhos)
- Seguros (carro, vida)
- Impostos e taxas obrigatórias

2. Some tudo: O total é o seu **Custo de Vida Essencial Mensal**. É o número mínimo que você precisa para manter o teto sobre sua cabeça e as luzes acesas.

3. Multiplique para encontrar sua meta: Agora, multiplique esse valor por 3, 6 ou 12, dependendo da sua situação.

Qual multiplicador usar?

- **3 meses:** Um bom ponto de partida se você tem um emprego muito estável (como funcionário público), se sua casa tem duas fontes de renda independentes ou se você é jovem e tem poucos dependentes.
- **6 meses:** Este é o padrão-ouro para a maioria das pessoas. Oferece uma segurança robusta para procurar um novo emprego com calma ou lidar com uma emergência mais longa sem desespero.
- **12 meses:** Altamente recomendado para profissionais autônomos, freelancers, empresários ou qualquer pessoa com uma renda variável e

imprevisível. Também é uma boa meta para quem tem dependentes e é o único provedor da família.

Se o seu custo de vida essencial é de R$ 4.000, sua meta de reserva padrão (6 meses) será de R$ 24.000. Esse número pode parecer assustador no começo, mas lembre-se: é uma meta, não uma exigência para amanhã. O importante é começar. Cada real guardado já é uma vitória que te aproxima da tranquilidade.

4.3 Onde Guardar: Liquidez e Segurança Acima de Rentabilidade

O seu dinheiro de emergência precisa estar em um lugar que se comporte como um bombeiro: sempre de prontidão, confiável e imediatamente acessível no momento da crise. Onde ele não pode estar? Trancado em um cofre cuja chave você não encontra.

Para escolher o local perfeito para sua reserva, você deve priorizar três características, nesta exata ordem de importância:

1. **Liquidez:** É a capacidade de transformar seu investimento em dinheiro na sua conta corrente rapidamente, sem perda de valor. Para a reserva, precisamos de liquidez diária (D+0 ou D+1), o que significa que você pode resgatar o dinheiro no mesmo dia ou no dia útil seguinte.
2. **Segurança:** O dinheiro precisa estar em um lugar de baixíssimo risco. O objetivo é preservar o capital, não multiplicá-lo. Você não pode correr o risco de, no momento da emergência, ter menos dinheiro do que guardou.
3. **Rentabilidade:** Este é o fator menos importante. Sim, é bom que o dinheiro não perca para a inflação, mas qualquer rendimento acima disso é um bônus, não o objetivo principal. Buscar alta rentabilidade para a reserva é um erro fatal.

Com base nesses critérios, aqui estão os melhores lugares para guardar sua reserva de emergência:

- **Tesouro Selic:** Este é o investimento mais seguro do país. Você está, essencialmente, emprestando dinheiro para o Governo Federal. Ele rende de acordo com a taxa Selic (a taxa básica de juros da economia) e tem liquidez diária. É a opção preferida de muitos especialistas.
- **CDBs com Liquidez Diária que rendem 100% do CDI:** Muitos bancos digitais e corretoras oferecem Certificados de Depósito Bancário (CDBs) que você pode resgatar a qualquer momento. Aqui, você empresta dinheiro para o banco. É crucial que ele tenha a proteção do **FGC (Fundo Garantidor de Créditos)**, que assegura seu dinheiro em até R$ 250 mil por CPF e por instituição. O rendimento deve ser de, no mínimo, 100% do CDI (uma taxa que anda colada na Selic).
- **Fundos DI com taxa de administração zero:** São fundos de investimento que aplicam a maior parte do dinheiro em títulos públicos, como o Tesouro Selic. São seguros e práticos, mas você deve ficar atento à taxa de administração – procure por fundos com taxa zero para não corroer seus rendimentos.

E onde **NÃO** guardar sua reserva?

- **Poupança:** Rende muito pouco, geralmente perdendo para a inflação, e seu rendimento é creditado apenas no "aniversário" do depósito.
- **Ações, Fundos Imobiliários ou Criptomoedas:** São extremamente voláteis. Você pode precisar do dinheiro justamente quando o mercado está em baixa, forçando você a realizar um grande prejuízo.
- **Previdência Privada:** O dinheiro fica "preso" por regras específicas de resgate e tributação, não servindo para emergências imediatas.
- **Dinheiro em espécie (debaixo do colchão):** Perde valor para a inflação e corre o risco de ser roubado ou perdido.

A simplicidade é sua aliada. Escolha uma das opções seguras e foque em construir o montante, não em caçar o melhor rendimento.

4.4 A Diferença entre Emergência e Imprevisto

Uma promoção imperdível de passagens aéreas para a praia é uma oportunidade. Uma cirurgia de apendicite é uma emergência. Saber diferenciar essas duas situações é o que protege sua reserva e, consequentemente, seu futuro financeiro.

Usar a reserva para a finalidade errada é um dos maiores atos de autossabotagem. É como acionar o corpo de bombeiros porque sua torrada queimou. Para evitar isso, você precisa de um filtro mental claro.

Uma **emergência real** tem três características simultâneas:

1. **É inesperada:** Você não tinha como prever que aquilo aconteceria (ex: um vazamento no encanamento do seu apartamento).
2. **É essencial:** A situação ameaça diretamente sua saúde, sua segurança ou sua capacidade de gerar renda (ex: a perda do emprego ou um problema de saúde grave).
3. **É urgente:** Precisa ser resolvida imediatamente, não pode ser adiada (ex: o conserto do único carro que você usa para trabalhar).

Exemplos de emergências reais:

- Demissão inesperada.
- Despesas médicas não cobertas pelo plano de saúde.
- Conserto urgente e essencial em casa (telhado, rede elétrica).
- Reparo mecânico inadiável no carro.
- Necessidade de uma viagem urgente para ajudar um familiar doente.

Por outro lado, o que **não é uma emergência**? Geralmente, são desejos ou despesas previsíveis, mesmo que irregulares.

Exemplos de não-emergências:

- Uma promoção de celular.
- A oportunidade de comprar um carro com desconto.
- Convite para uma viagem de última hora com amigos.
- A matrícula da academia ou o IPVA do carro (são despesas previsíveis!).

Para essas despesas previsíveis, mas não mensais, a solução não é usar a reserva, mas sim criar "fundos de provisionamento" (ou *sinking funds*). São potes de dinheiro separados para objetivos específicos: um para a viagem de férias, outro para o IPVA, outro para os presentes de Natal. Assim, quando a despesa chegar, o dinheiro já estará lá, e sua reserva de emergência permanecerá intocada, guardando o que realmente importa.

4.5 Construindo a Reserva Enquanto Ainda Paga Dívidas

Você se sente como se estivesse em um barco furado no meio de um lago. Há um buraco no casco (suas dívidas) e uma tempestade se formando no horizonte (uma emergência futura). O que você faz primeiro: tenta remar desesperadamente para a margem (pagar as dívidas) ou começa a tirar a água de dentro do barco (construir a reserva)?

A resposta correta é: os dois, de forma estratégica e inteligente.

Essa é uma das maiores dúvidas de quem começa a organizar a vida financeira. A lógica parece dizer: "Devo quitar as dívidas de juros altos o mais rápido possível!". E essa lógica não está errada, mas é incompleta.

Focar 100% em pagar as dívidas sem ter um mínimo de reserva é uma receita para o fracasso. Qualquer pequeno imprevisto – um pneu furado, uma consulta médica – irá forçá-lo a usar o cartão de crédito novamente. Isso cria o devastador ciclo da dívida, onde você sente que dá um passo para frente e dois para trás. É psicologicamente exaustivo.

Por outro lado, ignorar as dívidas para focar apenas na reserva também não funciona, pois os juros compostos trabalham contra você, aumentando o tamanho do buraco.

A estratégia mais eficaz é um plano de três etapas:

1. **Construa uma Mini-Reserva de Emergência (R$ 1.000 a R$ 2.000):** Pause o pagamento acelerado das dívidas (continue pagando apenas o valor mínimo de cada uma) e direcione todo o seu esforço para construir esse pequeno colchão de segurança o mais rápido possível. Esse valor é o seu "basta" para o ciclo da dívida. Ele te dá o poder de dizer "não" ao cartão de crédito quando um pequeno imprevisto aparecer.
2. **Ataque as Dívidas com Força Total:** Com a mini-reserva pronta, agora sim, redirecione toda a sua capacidade de poupança para quitar as dívidas, começando pelas de juros mais altos (Método Avalanche) ou pela de menor valor (Método Bola de Neve).
3. **Complete sua Reserva de Emergência:** Assim que a última dívida tóxica for paga, pegue todo o dinheiro que ia para as parcelas e direcione-o para completar sua reserva de emergência até atingir sua meta de 3 a 6 meses.

História de Sucesso: O Controle de Carla

Carla, uma analista de marketing de 32 anos, estava afogada em R$ 8.000 de dívidas no cartão de crédito. Ela decidiu seguir um plano agressivo para quitar tudo. Todo mês, ela pagava muito mais que o mínimo, sentindo-se orgulhosa. Um dia, ao sair do trabalho, seu carro não ligou. O diagnóstico do mecânico: um problema na bateria e no alternador, custo total de R$ 1.500.

Na sua "versão antiga", Carla teria entrado em pânico. Ela teria que usar o cartão de crédito novamente, aumentando a dívida que lutava tanto para diminuir. A sensação de derrota seria imensa. Mas a "nova Carla" havia seguido a estratégia do barco. Antes de atacar a dívida, ela havia focado em construir uma mini-reserva de R$ 2.000. Com calma, ela pagou o conserto à vista, usando o dinheiro da reserva. Sim, sua reserva diminuiu, mas sua dívida não aumentou. Ela não retrocedeu. No mês seguinte, ela repôs o valor usado e continuou sua jornada para quitar as dívidas, sentindo-se mais forte e no controle do que nunca. A mini-reserva não apenas consertou seu carro; consertou sua mentalidade.

Resumo do Capítulo

A reserva de emergência é a fundação da sua segurança e paz de espírito. Ela não é um investimento para te deixar rico, mas um seguro para garantir que você não empobreça por causa de um imprevisto.

Passos de Ação:

- **Calcule seu Custo de Vida Essencial:** Liste todas as suas despesas mensais indispensáveis (moradia, alimentação, saúde, transporte) e some o total.
- **Defina sua Meta:** Multiplique seu custo de vida por 3, 6 ou 12, dependendo da estabilidade da sua renda. Esse é o seu alvo final para a reserva.
- **Comece com uma Mini-Reserva:** Se você tem dívidas, foque primeiro em guardar entre R$ 1.000 e R$ 2.000. Este valor quebra o ciclo de endividamento.
- **Escolha o Lugar Certo:** Abra uma conta em uma corretora ou banco digital e escolha uma aplicação segura e com liquidez diária, como o Tesouro Selic ou um CDB que pague 100% do CDI com proteção do FGC.
- **Automatize o Processo:** Configure uma transferência automática do seu banco para o investimento da reserva todo mês, logo após receber seu salário. Comece com o que for possível. O hábito é mais importante que o valor inicial.
- **Proteja sua Reserva:** Lembre-se da regra dos três "U's": use-a apenas para algo Inesperado, Urgente e Essencial. Para todo o resto, planeje.

Capítulo 5: O Orçamento Inteligente (Sem Planilhas Complexas)

E se eu dissesse que você pode tomar o controle absoluto do seu dinheiro sem nunca mais ter que preencher uma planilha detalhada, linha por linha?

Se a palavra "orçamento" lhe causa arrepios, imaginando horas perdidas categorizando cada café e sentindo culpa por cada pequeno prazer, você não está sozinho. A maneira antiga de gerir o dinheiro é punitiva. Ela nos transforma em fiscais de nós mesmos, focados na privação e no controle obsessivo. Não é de se espantar que a maioria das pessoas desista em poucas semanas.

Mas o problema não é você. O problema é o método.

Neste capítulo, vamos demolir essa velha estrutura e construir algo novo no lugar: um sistema de gestão financeira que funciona *a favor* da sua natureza humana, não contra ela. Um sistema que valoriza a simplicidade, a automação e, mais importante, a permissão para gastar com o que te faz feliz. Vamos trocar a complexidade das planilhas pela clareza de um plano simples, poderoso e que você pode implementar hoje mesmo.

Prepare-se para conhecer um orçamento que liberta, em vez de aprisionar.

5.1 A Regra 50/30/20: Simplificando a Alocação

Imagine seu dinheiro como água fluindo para três grandes reservatórios, em vez de tentar direcioná-lo por centenas de pequenos canais. Essa é a beleza da regra 50/30/20. É um sistema de alocação de renda que elimina a necessidade de rastrear cada centavo, focando no que realmente importa.

A premissa é incrivelmente simples: você divide sua renda líquida mensal (o valor que cai na sua conta após os impostos) em três categorias principais:

- **50% para Necessidades:** Esta é a fatia destinada a tudo o que você *precisa* para viver. Pense nos pilares da sua vida: moradia (aluguel ou prestação), contas de consumo (água, luz, internet), transporte para o trabalho, supermercado básico e plano de saúde. São as despesas que, se não forem pagas, comprometem sua sobrevivência e bem-estar. O objetivo é manter esses custos essenciais em até metade da sua renda, garantindo que você tenha espaço para o resto.

- **30% para Desejos (Estilo de Vida):** Aqui é onde a vida acontece. Esta categoria cobre tudo o que torna sua jornada mais agradável, mas que não é estritamente essencial. Jantares em restaurantes, assinaturas de streaming, viagens de fim de semana, roupas novas, hobbies, aquele show da sua banda favorita. É o dinheiro que você pode gastar com flexibilidade e, como veremos, sem culpa. Se você cortar essas despesas, sua vida continua, mas talvez com menos cor.
- **20% para Metas Financeiras (Futuro):** Esta é a fatia mais poderosa de todas. É o dinheiro que trabalha para construir a sua liberdade. Inclui o pagamento de dívidas (além dos mínimos), aportes na sua reserva de emergência e, crucialmente, seus investimentos para o futuro. Este é o dinheiro que compra sua paz de espírito amanhã. É a semente da árvore que lhe dará sombra e frutos por décadas.

Por que esse método funciona? A genialidade do 50/30/20 está em sua simplicidade. Em vez de se perguntar "Posso pagar por este café de R$ 8?", a pergunta se torna "Eu ainda tenho dinheiro na minha categoria de 'Desejos' este mês?". Ele muda o foco do microgerenciamento para a visão macro.

Essa regra não é uma lei imutável, mas um ponto de partida poderoso. Se você mora em uma capital com custo de vida alto, talvez suas necessidades ocupem 55%. Se você tem uma meta agressiva de quitar dívidas, pode direcionar 30% para suas metas e reduzir os desejos para 20% por um tempo. O importante é a consciência de para onde seu dinheiro está indo em grandes blocos, permitindo que você tome decisões informadas sem se afogar em detalhes.

5.2 Automatizando as Contas Fixas: O Fim dos Atrasos

Qual é um dos maiores drenos de energia mental e financeira? Lembrar de pagar as contas. A data de vencimento, o valor, o login do banco... é um processo repetitivo e propenso a falhas que pode resultar em multas, juros e estresse desnecessário.

A solução é tirar você da equação. A automação é a sua maior aliada na construção de um sistema financeiro robusto e sem esforço. O objetivo é criar uma coreografia financeira que acontece todo mês, nos bastidores, sem que você precise levantar um dedo.

O processo é simples e pode ser configurado em menos de uma hora:

1. **Centralize os Vencimentos:** Se possível, tente alinhar a data de vencimento da maioria das suas contas (cartão de crédito, internet, etc.) para alguns dias após o recebimento do seu salário. Isso simplifica o fluxo de caixa.
2. **Cadastre Tudo em Débito Automático:** Entre no aplicativo do seu banco e cadastre todas as suas contas fixas e essenciais (água, luz, aluguel, internet, plano de saúde, mensalidades) no débito automático. Essa é a camada mais básica de automação. Você garante que suas necessidades (a categoria dos 50%) sejam sempre cuidadas.
3. **Programe as Transferências Chave:** A verdadeira mágica acontece aqui. Programe transferências automáticas e recorrentes para o dia seguinte ao seu pagamento:

- **Transferência para o Futuro (20%):** A primeira e mais importante. Programe uma transferência do valor correspondente aos seus 20% direto da sua conta corrente para a conta da sua corretora de investimentos. Isso é o "pagar-se primeiro" na prática. Seu futuro é a prioridade, não o que sobra no fim do mês.
- **Transferência para os Desejos (30%):** Se você usa um banco digital, crie uma conta separada ou um "cofrinho" para seus gastos de estilo de vida. Transfira os 30% para lá. Esse é o seu "saldo para gastar" no mês. Quando acabar, acabou. Simples assim.

Ao fazer isso, o dinheiro que permanece na sua conta corrente principal é basicamente para despesas variáveis do dia a dia, como supermercado e transporte. Você eliminou a chance de esquecer um pagamento e, mais importante, removeu a força de vontade do processo de investir. Seu sistema faz o trabalho pesado por você.

5.3 O "Dinheiro da Culpa Zero": Gastando com o que Você Ama

Vamos falar sobre a parte mais negligenciada de qualquer orçamento: o prazer. A maioria dos métodos financeiros trata os gastos com lazer como um mal necessário, algo a ser minimizado ou eliminado. É por isso que eles falham. Um plano financeiro que não inclui espaço para a alegria é como uma dieta que proíbe todas as suas comidas favoritas: insustentável.

É aqui que entra o conceito de **"Dinheiro da Culpa Zero"**. Ele corresponde à sua categoria de 30% (Desejos), e a regra é simples: uma vez que suas necessidades estão cobertas e seus investimentos foram feitos automaticamente, cada centavo dentro dessa categoria pode e *deve* ser gasto com o que lhe traz felicidade, sem um pingo de culpa.

Pense nisso. A razão pela qual sentimos culpa ao gastar com um jantar especial ou uma viagem é a incerteza. "Será que eu deveria estar guardando esse dinheiro?", "Isso vai me fazer falta no fim do mês?". A automação e a regra 50/30/20 eliminam essa incerteza. Você *sabe* que suas contas serão pagas. Você *sabe* que seu futuro está sendo construído. Portanto, o dinheiro que resta para o seu estilo de vida tem um único propósito: ser aproveitado.

O primeiro passo é fazer uma pergunta poderosa a si mesmo: **O que eu realmente valorizo?** Para alguns, é a liberdade de viajar. Para outros, a experiência de comer em bons restaurantes, ter acesso aos últimos gadgets de tecnologia, ou investir em um hobby como fotografia ou jardinagem.

Não há resposta certa ou errada. O objetivo é alinhar seus gastos com seus valores. Em vez de gastar R$ 200 em cinco jantares medíocres por impulso, talvez você prefira economizar esse valor para uma única experiência gastronômica inesquecível. O "Dinheiro da Culpa Zero" não é sobre gastar mais, é sobre gastar *melhor* e de forma consciente.

História de Sucesso: O Café Sem Culpa da Clara Clara, uma designer de 32 anos, tinha um relacionamento de amor e ódio com seu café diário na cafeteria perto do trabalho. Era seu pequeno ritual matinal, um momento de paz antes do dia começar. No entanto, ela lia artigos sobre como "o cafezinho está destruindo suas finanças" e sentia uma pontada de culpa a cada gole. Ao implementar o 50/30/20, ela percebeu que o custo mensal de seus cafés cabia perfeitamente dentro dos seus 30% de desejos. Ela criou uma categoria específica para "pequenos prazeres" dentro do seu app de gestão. A culpa desapareceu instantaneamente. O café deixou de ser um "desperdício de dinheiro" e se tornou um investimento consciente em seu bem-estar diário, totalmente pago pelo seu "orçamento da felicidade".

Esse sistema transforma seu relacionamento com o dinheiro. Ele deixa de ser uma fonte de estresse e se torna uma ferramenta para construir a vida que você deseja, tanto hoje quanto no futuro.

5.4 Ajustando o Orçamento para Diferentes Fases da Vida

Seu orçamento não é uma fotografia estática, é um filme em constante evolução. A vida muda, e suas finanças precisam acompanhar esse ritmo. A estrutura 50/30/20 é flexível o suficiente para se adaptar a cada novo capítulo da sua jornada, desde o início da carreira até a preparação para a aposentadoria.

A chave é a revisão periódica. Pelo menos uma vez por ano, ou sempre que um grande evento acontecer (casamento, nascimento de um filho, promoção, mudança de cidade), sente-se e reavalie suas categorias.

Veja como o 50/30/20 pode se adaptar:

- **O Jovem Profissional (20-30 anos):** Nesta fase, sua renda pode ser menor, mas suas despesas essenciais também. Talvez você divida o aluguel ou more com os pais. Este é o momento de ouro para ser agressivo na categoria dos 20%. Se você consegue viver com 40% de necessidades, pode direcionar 30% ou até 40% para quitar dívidas estudantis e construir uma base sólida de investimentos. Cada real investido agora tem décadas para crescer.

- **A Família em Formação (30-45 anos):** Com a chegada de filhos, um imóvel maior ou um carro para a família, a categoria de 50% (Necessidades) tende a inchar. É natural. Os custos com creche, escola e saúde aumentam. Aqui, o desafio é proteger a categoria dos 20%. Pode ser necessário ajustar temporariamente os 30% (Desejos), trocando jantares caros por programas em família mais acessíveis. O objetivo não é eliminar o lazer, mas redefini-lo para a nova realidade.
- **O Auge da Carreira (45+ anos):** Geralmente, esta é a fase de maior renda. Aqui, o grande inimigo é a **inflação do estilo de vida** – a tendência de aumentar os gastos na mesma proporção em que os ganhos aumentam. Recebeu uma promoção de R$ 2.000? A tentação é mover-se para um apartamento maior ou trocar de carro imediatamente. A abordagem inteligente é dividir esse aumento: uma parte para melhorar modestamente seu estilo de vida (30%) e a maior parte para turbinar massivamente seus investimentos (20%). É a aceleração final rumo à independência financeira.

A beleza desse sistema é que ele cresce com você. Ele não te força a viver como um estudante universitário para sempre, mas te encoraja a tomar decisões conscientes a cada passo, garantindo que o seu "eu" futuro esteja sempre sendo cuidado.

5.5 Lidando com Despesas Irregulares (IPVA, Presentes, Viagens)

O que geralmente sabota um orçamento perfeitamente planejado? São os "ninjas financeiros": aquelas despesas grandes e previsíveis que aparecem uma ou duas vezes por ano e causam um estrago. IPVA, IPTU, seguro do carro, matrícula da escola, presentes de Natal, aquela viagem de férias planejada.

Muitas pessoas tratam esses gastos como emergências, mas eles não são. Uma emergência é imprevisível (um problema de saúde, a perda do emprego). O IPVA, por outro lado, tem data marcada todo ano. A maneira inteligente de lidar com eles é criar **Fundos de Amortização** (ou, em português claro, "caixinhas de dinheiro para despesas futuras").

A lógica é simples: em vez de ser pego de surpresa por uma conta de R$ 2.400 em janeiro, você se prepara para ela.

Veja como funciona na prática:

1. **Liste Suas Despesas Anuais:** Faça uma lista de todos os grandes gastos não-mensais que você tem ao longo do ano e o valor aproximado de cada um.

- *Exemplo: IPVA (R$ 1.800), Seguro do Carro (R$ 2.000), Férias (R$ 3.600), Presentes de Natal (R$ 600).*

2. Calcule a Provisão Mensal: Some todos os valores anuais e divida por 12. Isso lhe dará o valor total que você precisa economizar por mês para cobrir tudo. No nosso exemplo: (1800 + 2000 + 3600 + 600) = R$ 8.000. Dividido por 12, isso dá aproximadamente R$ 667 por mês.

3. Crie as "Caixinhas": Abra uma conta separada, de preferência em um banco digital que não cobra taxas e permite criar "cofrinhos" ou "espaços" separados. Nomeie cada um deles: "Fundo IPVA", "Fundo Férias", etc.

4. Automatize a Poupança: Programe uma transferência automática mensal do valor total (R$ 667, no nosso exemplo) da sua conta principal para essa conta de "Fundos de Amortização". Dentro do app, você pode distribuir o dinheiro para cada caixinha.

Este valor mensal para os fundos de amortização deve, idealmente, sair da sua categoria de 50% (Necessidades) para gastos como impostos e seguros, ou da de 30% (Desejos) para gastos como viagens e presentes.

Quando o boleto do IPVA chegar, a sensação não será de pânico, mas de tranquilidade. Você simplesmente transferirá o dinheiro do seu "Fundo IPVA" para a conta principal e pagará a conta à vista, muitas vezes com desconto.

Você transformou um monstro financeiro em um gatinho domesticado.

5.6 Ferramentas e Apps Recomendados para Gestão

Lembre-se da nossa promessa: sem planilhas complexas. A tecnologia deve ser sua serva, não sua mestra. O objetivo de uma ferramenta financeira é fornecer clareza com o mínimo de esforço. Felizmente, existem ótimas opções que se alinham perfeitamente com a filosofia do orçamento inteligente.

O melhor sistema é aquele que você realmente usa. Aqui estão algumas categorias de ferramentas para você escolher a que melhor se adapta ao seu perfil:

- **Aplicativos de Gestão Financeira (A Visão Completa):**
- **Como funcionam:** Esses apps (como Organizze, Mobills, ou Guiabolso) se conectam às suas contas bancárias e cartões de crédito, categorizando seus gastos automaticamente. Eles são excelentes para quem quer uma visão clara de para onde o dinheiro está indo e como estão seus percentuais 50/30/20.
- **Ideal para:** Quem gosta de dados e quer um painel de controle da sua vida financeira sem o trabalho manual de inserir cada transação.
- **O Método dos Envelopes Digitais (A Simplicidade Máxima):**
- **Como funciona:** Utilize os recursos de "cofrinhos", "espaços" ou "objetivos" dos bancos digitais (como Nubank, Inter, C6 Bank). Você cria um envelope digital para cada grande categoria: um para "Desejos do Mês", um para "Férias", outro para o "IPVA".
- **Ideal para:** Quem busca simplicidade visual e psicológica. É a versão moderna do antigo método de separar o dinheiro em envelopes físicos. Você vê claramente quanto tem para cada finalidade.
- **Planilha Minimalista (O Controle Manual):**
- **Como funciona:** Se você ainda prefere uma planilha, use uma versão ultra-simplificada. Crie uma com apenas três colunas principais: Renda

Líquida, e os gastos divididos em Necessidades, Desejos e Metas. O objetivo não é listar cada despesa, mas o total gasto em cada grande bloco no final do mês.

- **Ideal para:** Pessoas que não querem conectar suas contas bancárias a apps e preferem um registro manual e macro da sua situação.

Uma dica final: não se perca na busca pela ferramenta "perfeita". Escolha uma, configure-a em 30 minutos e comece. A clareza que você ganhará ao ver seu dinheiro organizado, mesmo que de forma simples, é o primeiro passo para assumir o controle total e permanente das suas finanças.

Passos de Ação

Transforme o conhecimento deste capítulo em ação imediata com estes três passos simples:

- **1. Calcule Seus Percentuais:** Pegue sua renda líquida do último mês e aplique a regra 50/30/20. Calcule quanto você *deveria* gastar em Necessidades, Desejos e Metas Financeiras. Compare com seus gastos reais. Onde estão as maiores diferenças?
- **2. Automatize Seu Futuro:** Entre no aplicativo do seu banco agora mesmo e programe uma transferência automática recorrente. Defina o valor (comece com 10% ou 20% da sua renda) para ser transferido da sua conta corrente para a conta da sua corretora, um dia após o seu pagamento.
- **3. Crie Sua Primeira "Caixinha":** Identifique sua maior despesa irregular do próximo ano (IPVA, férias, etc.). Calcule o valor mensal necessário para cobri-la. Crie um "cofrinho" ou uma poupança separada e programe a transferência automática desse pequeno valor. Sinta a paz de espírito de estar no controle.

NEEDS
WANTS
SAVINGS

Capítulo 6: Aumentando a Renda – O Ataque

Você já se sentiu como se estivesse espremendo uma toalha que já está seca? Você corta o cafezinho, cancela o serviço de streaming, troca a marca do supermercado... e, no fim do mês, a diferença na sua conta é quase imperceptível. Se essa frustração lhe soa familiar, é porque você tem jogado apenas na defesa.

Até agora, focamos em organizar a casa, estancar a sangria das dívidas e construir uma base sólida com o orçamento e a reserva de emergência. Essa é a sua defesa financeira, e ela é absolutamente crucial. Mas nenhum time ganha um campeonato apenas defendendo. Para vencer o jogo do dinheiro, você precisa partir para o ataque.

Neste capítulo, vamos virar a chave. Vamos parar de pensar apenas em "o que posso cortar?" e começar a perguntar: **"como posso ganhar mais?"**. Esta é a parte do plano onde a sua riqueza potencial deixa de ter um teto e passa a ter um céu aberto como limite. Vamos explorar estratégias práticas e realistas para aumentar sua principal fonte de renda, criar novas e, o mais importante, investir no ativo mais valioso que você possui: você mesmo.

Prepare-se para mudar sua mentalidade da escassez para a abundância. A defesa te mantém no jogo; o ataque te faz vencê-lo.

6.1 O Teto da Economia vs. O Céu dos Ganhos

Imagine que sua vida financeira é um balde. Durante anos, você aprendeu que, para encher o balde, precisa tapar os furos. Você se torna um especialista em remendos, usando a fita adesiva do "cortar gastos" para cada pequeno vazamento. E isso é importante. Ninguém enche um balde furado.

Mas há uma verdade matemática brutal que a maioria dos gurus financeiros ignora: **a economia tem um limite**. Você só pode cortar seus gastos até chegar a zero. Não dá para gastar menos que nada. Seu esforço para economizar, por mais nobre que seja, sempre terá um teto.

Agora, pense na torneira que enche o balde. Qual é o limite dela? Não há. Você pode aumentar o fluxo, instalar uma segunda torneira ou até mesmo um hidrante. O potencial de ganhos, ao contrário da economia, é teoricamente infinito.

Essa simples analogia revela a falha central da mentalidade de escassez. Quando você foca 100% do seu tempo em cortar R$ 5 do café, sua mente se treina para pensar pequeno, para operar dentro de limites. Você se torna reativo. Por outro lado, quando você dedica uma parte dessa energia para pensar em como gerar R$ 500 a mais, sua mente se expande. Você passa a procurar oportunidades, a enxergar valor, a se tornar proativo.

A **Maneira Antiga** diz: "Não posso pagar por isso". A **Nova Lógica** pergunta: "Como posso pagar por isso?".

Essa pequena mudança na linguagem interna transforma tudo. A primeira frase fecha uma porta; a segunda abre um universo de possibilidades. Ela te força a pensar em novas habilidades, em projetos paralelos, em negociar um aumento.

Não me entenda mal. A disciplina de gastar menos do que se ganha é a base de tudo o que construímos até aqui. A defesa é o que impede você de perder o jogo. Mas o ataque — aumentar seus ganhos — é o que permite que você vença de goleada e acelere sua jornada para a liberdade financeira em uma velocidade que a simples economia jamais permitiria. É a diferença entre caminhar e pegar um foguete.

Nos próximos subcapítulos, vamos focar exatamente nisso: como abrir a torneira com mais força.

6.2 Negociando seu Salário: Estratégias de Carreira

Qual foi a última vez que você pediu um aumento? Se você é como a maioria das pessoas, a resposta provavelmente varia de "nunca" a "faz muito tempo". Sentimos medo, desconforto, achamos que estamos sendo gananciosos ou que podemos colocar nosso emprego em risco. A verdade é que não negociar seu salário ao longo da carreira pode custar centenas de milhares, ou até milhões, de reais em ganhos perdidos.

É hora de parar de ver a negociação salarial como um confronto e começar a vê-la como o que realmente é: uma conversa de negócios sobre o seu valor de mercado. Sua empresa não lhe paga um salário por caridade; ela paga em troca do valor que você gera. Se você aumentou o seu valor, é justo que sua remuneração reflita isso.

Aqui está um plano de ação passo a passo para se preparar:

- **1. Faça a Lição de Casa (Pesquisa):** Você não entra em uma negociação sem dados. Use sites como Glassdoor, Vagas.com, Catho e até o LinkedIn para pesquisar a faixa salarial para sua posição, nível de experiência e localização. Saber sua média de mercado lhe dá uma base sólida e tira a conversa do campo do "eu acho" para o "o mercado paga".
- **2. Crie seu "Dossiê de Valor":** Durante os próximos meses, documente absolutamente todas as suas conquistas. Não escreva apenas "liderei o projeto X". Quantifique! "Liderei o projeto X, que foi entregue 10% antes do prazo e economizou R$ 50.000 para a empresa". "Implementei uma nova planilha que reduziu o tempo de fechamento de relatórios em 20%". Números são a sua arma mais poderosa. Eles transformam sua performance de algo subjetivo em um fato inegável.
- **3. Escolha o Momento Certo (Timing):** O pior momento para pedir um aumento é aleatoriamente, em uma terça-feira chuvosa. Os melhores momentos são durante sua avaliação de desempenho, após a conclusão bem-sucedida de um grande projeto, ou quando você assume novas responsabilidades. O ideal é alinhar seu pedido a um momento em que seu valor está mais visível para a empresa.
- **4. Prepare o Script e Pratique:** A conversa não deve ser sobre suas necessidades ("preciso de mais dinheiro porque meu aluguel subiu"), mas sobre seu valor e suas contribuições.
- **Exemplo de Abertura:** "Gostaria de conversar sobre minha carreira e remuneração. Com base na minha pesquisa de mercado para a minha função e nos resultados que entreguei este ano, como o [mencione uma conquista quantificada], acredito que uma revisão salarial seria apropriada. Minha pesquisa indica que a faixa para essa posição está

entre X e Y."

- Pratique esse script em voz alta, com um amigo ou em frente ao espelho. Isso ajuda a reduzir o nervosismo e a soar mais confiante.
- **5. Pense Além do Salário:** Se a empresa não puder oferecer o aumento desejado por restrições orçamentárias, esteja preparado para negociar outras coisas. Isso pode incluir um bônus de performance, mais dias de férias, horário flexível, ou o custeio de um curso ou certificação importante para sua carreira.

História de Sucesso: O Dossiê de Lucas Lucas era um analista de marketing que se sentia desvalorizado. Por seis meses, ele seguiu o plano. Criou um documento detalhado com gráficos mostrando como suas campanhas aumentaram o engajamento em 30% e geraram um aumento de 15% nos leads qualificados. Na sua avaliação anual, em vez de esperar passivamente, ele apresentou seu "dossiê". Seu gestor ficou impressionado, não apenas com os resultados, mas com o profissionalismo. Lucas não conseguiu os 20% que pediu, mas garantiu um aumento de 15% e a aprovação para um curso de especialização que ele queria fazer. Ele transformou uma conversa potencialmente estranha em uma demonstração de seu valor inquestionável.

6.3 Renda Extra: Ideias Práticas para Começar Hoje

E se você pudesse criar um "segundo salário" nas suas horas vagas, usando o tempo que hoje você gasta rolando o feed das redes sociais? Aumentar sua renda não precisa significar, necessariamente, uma mudança de carreira. Uma fonte de renda extra pode ser o acelerador que você precisa para quitar dívidas, turbinar sua reserva de emergência ou começar a investir de forma mais agressiva.

O segredo aqui é começar pequeno, com baixo ou nenhum custo inicial, e validar a ideia. Não se trata de construir um império da noite para o dia, mas de gerar um fluxo de caixa adicional o mais rápido possível.

Aqui estão algumas categorias de ideias práticas para você começar a pensar:

- **Economia Compartilhada (Gig Economy):** Esta é a maneira mais rápida de começar, pois as plataformas já existem e conectam você diretamente aos clientes.
- **Transporte:** Se você tem um carro, dirigir para aplicativos como Uber ou 99 em horários de pico pode gerar uma renda considerável.
- **Hospedagem:** Tem um quarto sobrando? Plataformas como o Airbnb podem transformá-lo em uma fonte de receita.
- **Cuidado com Animais:** Ama pets? Sites como DogHero e Pet Anjo conectam você a donos de animais que precisam de alguém para passear ou hospedar seus bichinhos.
- **Venda de Produtos:** Você pode criar ou simplesmente revender.
- **Desapego Inteligente:** Comece vendendo itens que você não usa mais em plataformas como Enjoei ou OLX. É uma forma de organizar a casa e fazer dinheiro ao mesmo tempo.
- **Culinária:** Se você tem um talento para fazer bolos, doces, salgados ou marmitas saudáveis, pode começar a vender para amigos, colegas de trabalho e vizinhos, divulgando em grupos de WhatsApp e no Instagram.
- **Artesanato e Produtos Personalizados:** Se você tem habilidades manuais, pode vender seus produtos em sites como Elo7 ou criar sua própria lojinha no Instagram.
- **Serviços Locais:** Pense nas necessidades da sua comunidade.
- **Aulas e Reforço Escolar:** Você domina matemática, um idioma ou um instrumento musical? Ofereça aulas particulares.
- **Pequenos Reparos e "Marido de Aluguel":** Se você leva jeito para consertar coisas, montar móveis ou fazer pequenas instalações, sempre há demanda por esses serviços.
- **Organização Profissional:** Muitas pessoas pagariam para ter alguém que as ajude a organizar armários, garagens ou escritórios.

O ponto crucial é escolher algo que se alinhe com seus interesses e sua rotina. Comece dedicando de 3 a 5 horas por semana. O dinheiro extra de um único fim de semana de trabalho pode ser o suficiente para pagar uma parcela de dívida ou fazer seu primeiro aporte em um investimento. É a materialização do ataque financeiro.

6.4 Monetizando Habilidades Existentes (Freelancing e Consultoria)

A habilidade que você considera "normal" e que usa todos os dias no seu trabalho pode ser a solução "premium" para outra pessoa ou empresa. A diferença entre a renda extra que vimos anteriormente e a monetização de habilidades é que aqui você não está vendendo seu tempo em uma tarefa genérica, mas sim sua expertise profissional. O potencial de ganho por hora é imensamente maior.

Pense no que você faz no seu emprego formal. Você é especialista em planilhas? Cria apresentações incríveis? Escreve e-mails de marketing que convertem? Gerencia projetos com eficiência? Todas essas são habilidades altamente monetizáveis.

Veja como transformar sua expertise em uma fonte de renda:

- **1. Identifique e Empacote sua Habilidade:** Faça uma lista de tudo o que você sabe fazer bem. Agora, transforme essa habilidade em um serviço claro e vendável.
- *Em vez de:* "Sou bom com Excel."
- *Ofereça:* "Criação de dashboards automatizados para pequenas empresas."
- *Em vez de:* "Sei escrever bem."
- *Ofereça:* "Pacote de 5 artigos otimizados para blog sobre o tema X."
- **2. Encontre Seus Primeiros Clientes:** A maneira mais fácil de começar é dentro da sua própria rede.
- **LinkedIn:** Anuncie sutilmente em seu perfil que você está aberto a projetos de freelancer. Publique um artigo ou um post mostrando seu conhecimento na área.
- **Plataformas de Freelancers:** Crie um perfil em sites como Workana, 99Freelas, Upwork ou Fiverr. No começo, pode ser preciso cobrar um pouco menos para construir um portfólio e obter boas avaliações, mas é

uma ótima porta de entrada.

- **Contato Direto:** Pequenas empresas e empreendedores muitas vezes não têm orçamento para contratar um funcionário em tempo integral, mas precisam desesperadamente de ajuda especializada. Identifique algumas empresas locais e ofereça seus serviços.
- **3. Defina seu Preço:** Não cometa o erro de cobrar muito pouco. Pesquise quanto outros freelancers na sua área cobram. Você pode precificar por hora ou por projeto. Para começar, o preço por projeto costuma ser mais atraente para o cliente, pois ele sabe o custo total antecipadamente.

História de Sucesso: A Consultoria de Mariana Mariana trabalhava como contadora em uma grande empresa. Ela percebeu que muitos de seus amigos, donos de pequenos negócios, tinham enormes dificuldades com o fluxo de caixa e a organização financeira básica. Nas noites de terça e quinta, ela começou a oferecer uma "consultoria de organização financeira para PMEs". Ela criou um pacote inicial que incluía uma análise completa e a implementação de um sistema de controle simples em planilhas. Em três meses, ela tinha quatro clientes fixos, gerando uma renda extra que equivalia a 30% do seu salário. Mais do que o dinheiro, ela redescobriu a paixão por ajudar diretamente as pessoas com sua principal habilidade.

Você já tem o conhecimento. A única coisa que falta é empacotá-lo e oferecê-lo a quem precisa.

6.5 Investindo em Si Mesmo: O Melhor ROI Inicial

Qual é o único ativo que ninguém jamais poderá tirar de você, que não é afetado pela inflação e que tem um potencial de retorno sobre o investimento (ROI) virtualmente infinito? **Seu conhecimento e suas habilidades.**

Em nossa jornada para construir riqueza, muitas vezes nos concentramos apenas em ativos financeiros: ações, fundos, imóveis. Mas, especialmente no início, o investimento com o maior poder de multiplicação não está na bolsa de valores, mas dentro de você.

Pense desta forma: investir R$ 1.000 em um fundo que rende 10% ao ano lhe dará R$ 100 de lucro em 12 meses. É um bom começo. Mas investir esses mesmos R$ 1.000 em um curso de especialização que lhe permite negociar um aumento de R$ 500 por mês no seu salário gera um retorno de R$ 6.000 no mesmo período. Isso é um ROI de 500%! Nenhum investimento tradicional chega perto disso.

Investir em si mesmo é a base para aumentar sua renda de forma sustentável. Isso pode assumir várias formas:

- **Cursos e Certificações:** Não precisa ser uma segunda faculdade. Plataformas como Coursera, Udemy, Alura e a Escola Conquer oferecem cursos de altíssima qualidade por uma fração do custo. Uma certificação em Google Analytics, um curso de oratória ou uma especialização em gestão de projetos pode ser o diferencial para uma promoção.
- **Habilidades de Alto Valor (High-Income Skills):** Existem certas habilidades que o mercado valoriza imensamente e que podem ser aprendidas de forma relativamente rápida. Pense em:
- **Copywriting:** A arte de escrever textos que vendem.
- **Tráfego Pago:** Gerenciar anúncios online no Google e em redes sociais.
- **Programação:** Mesmo noções básicas de lógica de programação ou de uma linguagem específica.
- **Vendas:** A capacidade de persuadir e fechar negócios é valiosa em qualquer área.
- **Livros, Eventos e Mentorias:** O conhecimento contido em um bom livro de R$ 50 pode mudar sua carreira. Participar de um evento na sua área pode gerar conexões que abrem portas inesperadas. Contratar algumas horas de mentoria com um profissional que você admira pode lhe poupar anos de tentativa e erro.

O investimento em si mesmo é o motor do ataque financeiro. Ele aumenta o valor da sua hora de trabalho, seja no seu emprego principal ou como freelancer. Ele lhe dá as ferramentas para negociar melhor, para criar novas fontes de renda e para se adaptar a um mercado de trabalho em constante mudança.

Antes de pensar em qual ação comprar, pergunte-se: qual habilidade eu posso aprender que vai aumentar minha capacidade de gerar renda para sempre? A resposta a essa pergunta é o seu melhor e mais seguro investimento inicial.

Resumo do Capítulo: Passos de Ação

Este capítulo foi sobre mudar o foco da defesa para o ataque. Organizar suas finanças é fundamental, mas para acelerar de verdade sua jornada rumo à liberdade, você precisa aumentar sua capacidade de gerar renda.

Seu Plano de Ação Imediata:

- **Mude sua Pergunta Central:** Durante a próxima semana, sempre que pensar "não posso pagar por isso", force-se a perguntar: **"Como eu poderia pagar por isso?"**. Anote as ideias que surgirem, por mais absurdas que pareçam. O objetivo é treinar sua mente para buscar soluções, não limitações.
- **Inicie seu "Dossiê de Valor":** Abra um documento hoje mesmo e liste suas três maiores conquistas profissionais nos últimos seis meses. Tente quantificar cada uma delas. Continue adicionando novos feitos a este documento semanalmente. Ele será sua principal ferramenta na sua próxima negociação salarial.
- **Escolha e Teste Uma Ideia de Renda Extra:** Das ideias listadas, escolha a mais simples e rápida de implementar para você. Dedique três horas no próximo fim de semana para testá-la. O objetivo não é ficar rico, mas sim provar a si mesmo que você é capaz de gerar dinheiro fora do seu emprego.
- **Invista em Conhecimento:** Identifique uma habilidade que, se apri-

morada, poderia resultar em uma promoção ou na possibilidade de fazer trabalhos como freelancer. Encontre um livro, um curso online ou um workshop sobre o tema e se comprometa a iniciá-lo ainda este mês.

Capítulo 7: Introdução aos Investimentos – Fazendo o Dinheiro Trabalhar

Até agora, você aprendeu a entender sua mente, organizar suas finanças, eliminar dívidas e construir um escudo de proteção. Você saiu do modo de defesa e agora está pronto para o ataque. Bem-vindo ao capítulo que transforma poupadores em investidores.

Se poupar é guardar sementes, investir é plantá-las em solo fértil para que se transformem em uma floresta. É aqui que o seu dinheiro, finalmente, começa a trabalhar para você, e não o contrário. Vamos desmistificar o mundo dos investimentos, transformando o que parece complexo em algo simples, acessível e, acima de tudo, automático.

7.1 A Oitava Maravilha: Juros Compostos Explicados

Você sabia que Albert Einstein supostamente chamou os juros compostos de a oitava maravilha do mundo? E completou: "Aquele que entende, ganha. Aquele que não entende, paga." Por décadas, você provavelmente esteve do lado que paga—no cartão de crédito, no cheque especial. Hoje, você muda de lado.

Mas o que são, afinal, os juros compostos?

Esqueça as fórmulas matemáticas complexas. Imagine uma pequena bola de neve no topo de uma montanha. Você a empurra e ela começa a rolar. No início, ela mal cresce. Mas, à medida que desce, ela acumula mais e mais neve, ficando maior e mais rápida. Em pouco tempo, aquela bolinha se torna uma avalanche imparável.

Os juros compostos são exatamente isso. É o processo de **juros rendendo sobre juros**.

No primeiro ano, seu investimento rende juros sobre o valor inicial. No segundo ano, ele rende juros sobre o valor inicial *mais* os juros do primeiro ano. E assim por diante. O tempo é o seu maior aliado, pois ele é a "montanha" que permite sua bola de neve crescer exponencialmente.

Vamos a um exemplo prático que ilustra o poder do tempo:

- **Ana, a Visionária:** Ana começa a investir R$ 300 por mês aos 25 anos, com um retorno médio de 8% ao ano. Aos 35 anos, após 10 anos investindo, ela para completamente de fazer novos aportes. Ela investiu um total de R$ 36.000 (R$ 300 x 12 meses x 10 anos). Ela deixa o dinheiro lá, rendendo.
- **Bruno, o Atrasado:** Bruno só começa a pensar no futuro aos 35 anos. Ele decide investir os mesmos R$ 300 por mês, com o mesmo retorno de 8% ao ano. Para compensar o tempo perdido, ele investe continuamente por 30 anos, até os 65. Ele investiu um total de R$ 108.000 (R$ 300 x 12 meses x 30 anos).

Quem você acha que terá mais dinheiro aos 65 anos?

Apesar de ter investido um terço do valor total, Ana, ao se aposentar, terá aproximadamente **R$ 795.000**. Bruno, que investiu muito mais e por mais tempo, terá cerca de **R$ 447.000**.

Essa é a mágica dos juros compostos. Os 10 anos de vantagem que Ana teve fizeram com que a "bola de neve" dela se tornasse tão grande que, mesmo sem novos aportes, o próprio dinheiro gerou mais dinheiro do que os 30 anos de esforço contínuo de Bruno.

A lição não é parar de investir, mas começar o quanto antes, não importa o quão pequeno seja o valor. Seu primeiro R$ 100 investido é a semente mais importante que você plantará na sua jornada financeira.

7.2 Inflação: O Inimigo Invisível do Dinheiro Parado

Seu dinheiro guardado no cofre, debaixo do colchão ou parado na conta corrente está perdendo poder de compra a cada segundo que passa. Como? A resposta tem um nome: **inflação**.

A inflação é o aumento geral dos preços de produtos e serviços ao longo do tempo. É o motivo pelo qual o cafezinho que custava R$ 2,00 há alguns anos hoje custa R$ 5,00. O dinheiro continua sendo o mesmo, mas o que ele consegue comprar diminuiu.

Pense na inflação como um ladrão silencioso que corrói o valor do seu esforço. Se você guarda R$ 1.000 em uma gaveta por um ano e a inflação nesse período foi de 5%, ao final do ano, seus R$ 1.000 só conseguem comprar o que R$ 950 compravam antes. Você não perdeu uma única nota, mas perdeu poder de compra. Você ficou 5% mais pobre sem perceber.

É por isso que a caderneta de poupança, por muito tempo a queridinha dos brasileiros, se tornou uma armadilha. Em muitos cenários, seu rendimento mal consegue empatar ou até perde para a inflação. Na prática, deixar o dinheiro na poupança pode significar que você está pagando para deixar seu dinheiro guardado.

O único antídoto contra esse inimigo invisível é fazer seu dinheiro render acima da inflação. Se a inflação é de 5% ao ano, seu objetivo mínimo deve ser obter um rendimento superior a 5%. Qualquer coisa abaixo disso significa que você está, na verdade, perdendo.

Investir não é mais uma opção para "ricos" ou especuladores. É uma necessidade básica de sobrevivência financeira para qualquer pessoa que queira proteger seu patrimônio e garantir um futuro tranquilo. Não investir não é uma atitude neutra; é uma decisão ativa de deixar seu dinheiro encolher.

Portanto, a partir de hoje, veja cada real parado como um trabalhador ocioso. Sua missão é colocar esse dinheiro para trabalhar o mais rápido possível, para que ele possa se defender da inflação e, com a ajuda dos juros compostos, se multiplicar.

7.3 Risco vs. Retorno: Encontrando seu Perfil de Investidor

A palavra "risco" te assusta quando se trata de dinheiro? Para muitas pessoas, ela evoca imagens de perdas catastróficas na bolsa de valores. Mas vamos desmistificar isso. Risco, no mundo dos investimentos, não é um monstro a ser evitado, mas uma característica a ser gerenciada.

Existe uma lei fundamental nas finanças: **maior o potencial de retorno, maior o risco envolvido.**

- **Baixo Risco:** Investimentos mais seguros, como o Tesouro Direto, oferecem retornos mais modestos e previsíveis. A chance de você perder dinheiro é quase nula.
- **Alto Risco:** Investimentos como ações podem oferecer retornos muito maiores, mas também vêm com a possibilidade de perdas, especialmente no curto prazo.

O segredo não é fugir do risco, mas encontrar o nível de risco com o qual *você* se sente confortável. Isso define o seu **perfil de investidor**. Geralmente, eles são divididos em três categorias:

1. **Conservador:** Você prioriza a segurança acima de tudo. Perder dinheiro tira seu sono. Você prefere ganhos menores, mas garantidos, a arriscar seu patrimônio em busca de retornos maiores.
2. **Moderado:** Você é um equilibrista. Aceita correr um pouco de risco para obter retornos melhores que a renda fixa tradicional, mas ainda mantém uma boa parte do seu dinheiro em aplicações seguras.
3. **Arrojado (ou Agressivo):** Você tem um estômago forte para a volatilidade. Entende que as quedas no mercado são oportunidades e foca no potencial de crescimento a longo prazo. Você está disposto a arriscar mais para ganhar mais.

Para descobrir o seu perfil, reflita sobre estas perguntas:

- Se seus investimentos caíssem 20% em um mês, qual seria sua reação? a) Venderia tudo em pânico. b) Ficaria desconfortável, mas manteria a estratégia. c) Compraria mais, aproveitando os preços baixos.
- Qual é o seu principal objetivo financeiro? a) Preservar meu capital. b) Um crescimento equilibrado. c) Multiplicar meu patrimônio o máximo possível.

- Por quanto tempo você pretende deixar o dinheiro investido? a) Menos de 2 anos. b) Entre 2 e 10 anos. c) Mais de 10 anos.

Se suas respostas foram majoritariamente "a", você tende a ser conservador. Se foram "b", moderado. Se foram "c", arrojado. Conhecer seu perfil é crucial, pois evita que você tome decisões baseadas no medo ou na euforia, mantendo-se fiel à sua estratégia.

7.4 A Sopa de Letrinhas: CDB, LCI, LCA, Tesouro Direto

CDB, LCI, Selic, CDI... Parece um código secreto? Hoje, você vai decifrá-lo de uma vez por todas. Essas siglas representam as portas de entrada mais seguras e populares para o mundo dos investimentos, conhecidas como **Renda Fixa**.

Na Renda Fixa, você age como um "banco": empresta seu dinheiro para alguém (o governo ou um banco) e recebe de volta com juros. A "fixa" no nome significa que as regras de remuneração são definidas no momento da aplicação. Vamos conhecer os principais:

1. Tesouro Direto: O Mais Seguro de Todos

Investir no Tesouro Direto é o mesmo que emprestar dinheiro para o governo federal. Por isso, é considerado o investimento mais seguro do país, pois o governo é o melhor pagador que existe. Existem três tipos principais:

- **Tesouro Selic:** Seu rendimento acompanha a taxa básica de juros da economia, a Taxa Selic. É perfeito para a sua reserva de emergência, pois tem liquidez diária (você pode resgatar a qualquer momento sem perder dinheiro) e baixíssimo risco.
- **Tesouro Prefixado:** Aqui, você "trava" a taxa de juros no momento da compra. Se você contratou um Tesouro Prefixado que paga 10% ao ano, você receberá exatamente isso no vencimento, não importa o que aconteça com a economia. É ótimo para quem gosta de previsibilidade.
- **Tesouro IPCA+:** Este é um título híbrido. Ele te paga uma taxa de juros fixa (o "+") *mais* a variação da inflação (medida pelo IPCA). É a melhor

proteção contra o ladrão silencioso que vimos antes, garantindo que seu poder de compra sempre aumente. Ideal para objetivos de longo prazo, como a aposentadoria.

2. CDB (Certificado de Depósito Bancário): Emprestando para Bancos

Quando você investe em um CDB, está emprestando dinheiro para um banco em troca de juros. A maioria dos CDBs rende um percentual do **CDI**, uma taxa muito próxima da Selic. Um bom CDB deve render, no mínimo, 100% do CDI.

A grande vantagem dos CDBs é a proteção do **FGC (Fundo Garantidor de Créditos)**. O FGC é uma espécie de seguro que protege seu investimento em até R$ 250.000 por CPF e por instituição financeira. Ou seja, mesmo que o banco quebre, você recebe seu dinheiro de volta.

História de Sucesso: O Primeiro Passo de Clara

Clara, uma arquiteta de 34 anos, sempre teve medo de investir. A "sopa de letrinhas" a paralisava. Depois de ler sobre o Tesouro Selic, ela decidiu experimentar. Abriu uma conta em uma corretora digital e investiu R$ 100. Foi quase um ato simbólico. Na semana seguinte, ela entrou no aplicativo e viu que tinha R$ 100,02. Aqueles dois centavos foram uma revelação. Pela primeira vez, ela viu o dinheiro trabalhando para ela, mesmo que minimamente. Aquilo a motivou a transferir sua reserva de emergência da poupança para o Tesouro Selic e, aos poucos, a estudar outros investimentos. O medo deu lugar à curiosidade e ao controle.

3. LCI e LCA (Letra de Crédito Imobiliário e do Agronegócio): O Bônus do Imposto

LCIs e LCAs são muito parecidas com os CDBs. A diferença é que, ao investir nelas, você empresta dinheiro para financiar os setores imobiliário (LCI) ou do agronegócio (LCA).

A maior vantagem delas é um benefício incrível: **são isentas de Imposto de Renda**. Isso significa que todo o rendimento vai direto para o seu bolso. Ao comparar um CDB com uma LCI, você precisa calcular qual oferece o melhor rendimento líquido. Muitas vezes, uma LCI que paga 90% do CDI pode ser mais vantajosa que um CDB que paga 100% do CDI, justamente por causa do imposto.

7.5 Fundos de Investimento vs. Investir Sozinho

Você prefere cozinhar seu próprio jantar, escolhendo cada ingrediente, ou pedir de um restaurante com um chef especialista? A lógica para investir pode ser parecida, e não há uma resposta errada.

O que é um Fundo de Investimento?

Imagine um condomínio onde vários moradores (investidores) juntam dinheiro para contratar serviços em comum (comprar ativos financeiros). O síndico desse condomínio é o **gestor profissional**, um especialista do mercado financeiro que decide onde e como investir o dinheiro de todos.

- **Vantagens dos Fundos:**
- **Gestão Profissional:** Você delega as decisões a alguém cuja profissão é analisar o mercado.
- **Diversificação Imediata:** Com pouco dinheiro, você já investe em uma cesta variada de ativos (ações, títulos, etc.).
- **Acesso:** Permitem investir em mercados ou produtos que seriam complexos ou caros para um investidor individual.
- **Desvantagens dos Fundos:**
- **Taxas:** Existem custos, como a **taxa de administração** (um percentual anual para pagar o gestor) e, em alguns casos, a **taxa de performance** (um bônus se o fundo superar sua meta).
- **Falta de Controle:** Você não escolhe os ativos individuais. Você confia nas decisões do gestor.

O que é Investir Sozinho?

Aqui, você é o chef. Você estuda, escolhe e compra cada ativo diretamente: seleciona as ações, os títulos do Tesouro Direto, os Fundos Imobiliários.

- **Vantagens de Investir Sozinho:**
- **Controle Total:** Você tem 100% de autonomia sobre sua carteira de investimentos.
- **Custos Menores:** Você não paga taxas de administração ou performance, apenas as taxas de corretagem (que em muitas corretoras já são zero).
- **Desvantagens de Investir Sozinho:**
- **Exige Tempo e Conhecimento:** Você precisa se dedicar a estudar e acompanhar seus investimentos.
- **Disciplina Emocional:** Você é o único responsável por manter a calma e a estratégia durante as turbulências do mercado.

Para iniciantes, os fundos de investimento podem ser uma excelente porta de entrada, especialmente os fundos de renda fixa com baixa taxa de administração. Conforme você ganha confiança e conhecimento, pode começar a "cozinhar" parte dos seus investimentos, combinando as duas estratégias.

7.6 O Conceito de Diversificação: Não Coloque Todos os Ovos na Mesma Cesta

Imagine que você tem uma barraca de sorvetes na praia. Seu negócio vai muito bem em dias de sol. Mas o que acontece em um dia chuvoso e frio? Você não vende nada. Agora, imagine que, além da barraca de sorvetes, você também tem uma barraca que vende capas de chuva e guarda-chuvas. No dia de sol, você vende sorvetes. No dia de chuva, você vende guarda-chuvas. Seu rendimento se torna muito mais estável.

Isso é **diversificação.** É o princípio mais importante para proteger seu patrimônio e garantir um crescimento sólido a longo prazo. A famosa frase "não coloque todos os ovos na mesma cesta" significa exatamente isso. Se a cesta cair, você não perde tudo.

Diversificar é espalhar seus investimentos por diferentes "cestas", ou seja, diferentes tipos de ativos que se comportam de maneiras distintas em diferentes cenários econômicos.

Uma carteira bem diversificada pode incluir:

- **Renda Fixa:** Títulos do Tesouro, CDBs, LCIs (sua parte segura e estável).
- **Ações de Empresas:** Participação em diferentes setores da economia (tecnologia, bancos, varejo, saúde).
- **Fundos Imobiliários:** Para receber rendimentos de aluguéis de grandes imóveis.
- **Investimentos Internacionais:** Exposição a moedas mais fortes, como o dólar, e a mercados de outros países.

O objetivo da diversificação não é encontrar o "investimento perfeito" que vai te deixar rico da noite para o dia. O objetivo é construir uma carteira robusta que consiga navegar bem tanto em tempos de calmaria quanto em tempestades. Quando um ativo vai mal, o outro pode ir bem, equilibrando o resultado final e suavizando as perdas. É a sua apólice de seguro contra a imprevisibilidade do futuro.

Plano de Ação Imediata

Você acabou de absorver os conceitos fundamentais que separam os amadores dos investidores estratégicos. Agora, vamos transformar teoria em ação.

- **1. Calcule seu Futuro:** Use uma calculadora de juros compostos online (existem várias gratuitas). Simule quanto você teria em 10, 20 e 30 anos investindo R$ 100, R$ 300 ou R$ 500 por mês. Visualize o poder da sua consistência.
- **2. Abra sua Conta:** Se você ainda não tem, abra uma conta em uma corretora de investimentos digital. O processo é online, gratuito e leva poucos minutos. Elas são a ponte entre você e os melhores investimentos do mercado.
- **3. Faça seu Primeiro Investimento:** Não espere. Transfira um valor

simbólico—R$ 50 ou R$ 100—para a sua conta na corretora e invista no **Tesouro Selic**. Sinta a sensação de dar o primeiro passo e se tornar, oficialmente, um investidor.

Capítulo 8: Acelerando a Riqueza – Renda Variável e Longo Prazo

Até agora, você aprendeu a estancar a sangria, construir um muro de proteção com sua reserva de emergência e colocar seu dinheiro nos trilhos com investimentos seguros de renda fixa. Você construiu a fundação. Agora, é hora de erguer o prédio. É hora de parar de apenas proteger seu dinheiro da inflação e começar a multiplicá-lo de verdade.

Bem-vindo ao mundo da renda variável.

Se a palavra "ações" ou "bolsa de valores" causa um frio na sua espinha, respire fundo. O que vamos desmistificar neste capítulo não é um cassino de apostas arriscadas, mas sim a mais poderosa ferramenta de construção de riqueza que a humanidade já inventou. Vamos transformar seu medo em conhecimento e sua hesitação em estratégia.

8.1 Ações: Tornando-se Sócio de Grandes Empresas

O que vem à sua mente quando você pensa em comprar uma ação? Um homem de terno gritando ao telefone em Wall Street? Gráficos piscando em vermelho e verde que mais parecem o monitor de um cardiologista? Esqueça tudo isso.

Comprar uma ação é, na sua essência, a coisa mais simples do mundo: **é comprar um pequeno pedaço de uma empresa.**

Isso mesmo. Quando você compra uma ação da Apple, você não está apostando em um número. Você está se tornando um micro-proprietário da Apple. Você passa a ter direito a uma fração minúscula dos lucros, dos prédios, das patentes e do futuro daquela companhia.

As empresas vendem essas pequenas fatias de si mesmas por um motivo simples: levantar dinheiro para crescer. Elas usam esses recursos para construir novas fábricas, contratar mais funcionários, pesquisar novos produtos. E se elas tiverem sucesso, você, como sócio, ganha junto.

Existem duas maneiras principais de ganhar dinheiro com ações:

1. **Valorização:** Se a empresa vai bem, mais pessoas querem se tornar

sócias dela. A lei da oferta e da procura faz com que o preço da sua pequena fatia (sua ação) suba. Você pode, então, vendê-la por mais do que pagou.

2. **Dividendos:** Muitas empresas lucrativas distribuem uma parte de seus lucros aos seus sócios. São os dividendos. É dinheiro que cai diretamente na sua conta, como uma recompensa por ser um acionista fiel.

"Mas isso não é arriscado?", você pergunta. Sim, é. O valor das empresas sobe e desce todos os dias. Uma notícia ruim, uma crise econômica ou uma decisão errada da diretoria pode fazer o preço das ações cair.

É aqui que a **nova lógica do dinheiro** entra em cena. A maneira antiga via a bolsa como um lugar para "ficar rico rápido". A nova maneira a vê como um lugar para **"ficar rico devagar"**. Você não é um especulador que tenta adivinhar o movimento do próximo minuto. Você é um investidor-sócio, que compra pedaços de empresas excelentes e planeja mantê-los por anos, talvez décadas.

Pense nisso como comprar um terreno fértil. No curto prazo, pode haver uma seca ou uma tempestade que prejudique a colheita. Mas ao longo de 20 anos, um bom terreno, bem cuidado, quase certamente valerá muito mais e terá gerado muitas colheitas.

8.2 Fundos Imobiliários (FIIs): Aluguel Sem Ter Imóvel

Você gosta da ideia de receber aluguel todos os meses? A segurança de ter um "tijolo" como investimento parece atraente, mas a ideia de juntar centenas de milhares de reais para comprar um imóvel, lidar com inquilinos, IPTU e reformas te desanima?

Existe uma solução para você: os Fundos de Investimento Imobiliário, ou FIIs.

Imagine um grande fundo que reúne o dinheiro de milhares de investidores para comprar imóveis de alta qualidade: shoppings centers, prédios de escritórios de luxo, enormes galpões logísticos alugados para gigantes do e-commerce.

Ao comprar uma única cota de um FII na bolsa de valores (sim, eles são negociados como ações), você se torna dono de um pedacinho de todos esses imóveis.

A mágica acontece todos os meses. Os aluguéis pagos por todas essas grandes empresas são reunidos pelo administrador do fundo e distribuídos para os cotistas, proporcionalmente à sua participação. É como receber o aluguel de dezenas de imóveis direto na sua conta, sem nunca ter que ligar para um encanador ou cobrar um inquilino atrasado.

As vantagens são imensas:

- **Acessibilidade:** Você pode começar a investir em FIIs com menos de cem reais, o preço de uma única cota.
- **Diversificação:** Com um único FII, você pode ser dono de fatias de 10, 15, 20 imóveis diferentes, em cidades e setores diferentes. Se um inquilino sair, o impacto na sua renda é mínimo.
- **Liquidez:** Precisa do dinheiro? Você pode vender suas cotas na bolsa em questão de minutos, algo impossível com um imóvel físico.
- **Renda Mensal Passiva:** É a forma mais simples e direta de construir um fluxo de "salário extra" que cresce com o tempo.

Os FIIs são a ponte perfeita entre a segurança da renda fixa e o potencial de crescimento da renda variável. Eles oferecem um fluxo de caixa mais previsível (os aluguéis) e ainda têm o potencial de valorização do preço das cotas, à medida que os imóveis do fundo se valorizam.

8.3 ETFs: A Maneira Mais Simples de Investir na Bolsa

Se a ideia de escolher quais ações ou FIIs comprar parece complicada demais, não se preocupe. Existe uma forma de investir que é tão simples quanto genial, e que é a preferida de megainvestidores como Warren Buffett para a maioria das pessoas: os ETFs (*Exchange Traded Funds*).

Um ETF é um fundo de investimento que espelha um índice do mercado. Pense nele como uma "cesta de ações" já pronta.

Por exemplo, o índice mais famoso do Brasil é o Ibovespa, que reúne as ações das empresas mais negociadas da nossa bolsa. Em vez de tentar adivinhar qual dessas empresas vai se sair melhor, você pode comprar um ETF que simplesmente replica esse índice, como o BOVA11.

Ao comprar uma única cota de BOVA11, você está, automaticamente, comprando uma pequena fatia de todas as principais empresas do Brasil de uma só vez. Você se torna sócio da Vale, Petrobras, Itaú, Ambev, Magazine Luiza... todas juntas, na proporção exata em que elas compõem o índice.

É a materialização da diversificação instantânea. Se uma empresa for mal, o impacto na sua carteira é minúsculo, pois dezenas de outras estão ali para equilibrar o resultado.

História de Sucesso: O Despertar de Mariana Mariana, uma designer de 32 anos, sempre teve pavor da bolsa de valores. Para ela, era um universo arriscado e exclusivo para especialistas. Depois de construir sua reserva de emergência, ela decidiu que precisava fazer seu dinheiro trabalhar mais. Com muito receio, ela comprou R$ 200 em um ETF do Ibovespa. Ela não olhou a cotação todos os dias. Apenas continuou aportando um pouco a cada mês. Em um ano, viu que seu dinheiro havia rendido bem mais que a poupança, mesmo com as oscilações. Aquilo quebrou uma barreira psicológica. Ela começou a estudar FIIs e adicionou alguns à carteira para gerar renda mensal. Hoje, cinco anos depois, a renda passiva de seus investimentos já paga sua conta de luz e internet, e o montante principal cresceu de forma que ela nunca imaginou ser possível. Aquele primeiro passo, com um simples ETF, deu a ela a confiança para se tornar uma investidora.

Os ETFs são a ferramenta definitiva para quem busca simplicidade, baixo custo (suas taxas de administração são mínimas) e uma estratégia de longo prazo de "comprar o mercado todo" em vez de tentar vencê-lo.

8.4 Criptomoedas e Ativos Alternativos: Cuidado e Proporção

É impossível falar de investimentos hoje sem mencionar as criptomoedas, como o Bitcoin. Você certamente já ouviu histórias de pessoas que ficaram milionárias e também de outras que perderam tudo.

Vamos ser diretos: **criptomoedas são ativos de altíssimo risco e especulativos.**

Diferente de uma ação (que representa um pedaço de uma empresa que gera lucro) ou de um FII (que representa um imóvel que gera aluguel), uma criptomoeda não tem um "lastro" produtivo. Seu valor é baseado quase que exclusivamente na confiança das pessoas e na tecnologia por trás dela.

Isso significa que você deve ficar longe? Não necessariamente, mas você precisa tratar esses ativos com a mentalidade correta. Pense neles como a pimenta do seu prato de investimentos. Um pouquinho pode dar um sabor interessante, mas se você exagerar, vai estragar a refeição inteira e passar mal.

A regra de ouro para ativos alternativos e de alto risco é: **invista apenas uma pequena porcentagem do seu portfólio (algo entre 1% e 5%, no máximo) e somente um dinheiro que você estaria mentalmente preparado para perder.**

Jamais, em hipótese alguma, coloque o dinheiro da sua reserva de emergência ou da sua aposentadoria em criptomoedas. Esse é um jogo para quem já tem toda a base sólida construída e quer adicionar uma pitada de risco em busca de retornos exponenciais, ciente de que o resultado pode ser zero.

8.5 Rebalanceamento de Carteira: Mantendo a Estratégia

Imagine que você montou seu jardim de investimentos: 50% em ativos seguros (renda fixa), 30% em ações e 20% em fundos imobiliários.

Ao longo de um ano, as ações tiveram um desempenho espetacular e dobraram de valor. Isso é ótimo! Mas agora, ao olhar para o seu patrimônio total, as ações não representam mais 30%, e sim 45% do todo. Sua carteira ficou muito mais arriscada do que você planejou inicialmente.

É aqui que entra o rebalanceamento.

Rebalancear a carteira é o ato de, periodicamente (a cada seis meses ou um ano), ajustar seus investimentos para que eles voltem à proporção original que você definiu.

No exemplo acima, rebalancear significaria vender uma parte das ações que tanto subiram e, com esse lucro, comprar mais renda fixa e FIIs, que ficaram para trás.

Isso pode parecer contra-intuitivo. "Vou vender o que está indo bem?". Sim! O rebalanceamento te força a fazer, de forma sistemática, o que todo investidor sonha em fazer: **vender na alta e comprar na baixa.**

Ele remove a emoção da equação. Você não vende por medo nem compra por euforia. Você simplesmente segue seu plano, mantendo seu nível de risco sob controle e realizando lucros de forma disciplinada ao longo do caminho. É o trabalho de um jardineiro, que poda as plantas que cresceram demais para dar espaço e nutrientes às outras. É a manutenção que garante a saúde do seu patrimônio no longo prazo.

Passos de Ação

1. **Abra Conta em uma Corretora:** Se você ainda não fez isso, este é o primeiro passo prático. Escolha uma corretora com taxa zero de custódia e abra sua conta. É um processo online e simples.
2. **Dê o Primeiro Passo na Bolsa:** Para quebrar a barreira do medo, faça um primeiro investimento simbólico. Compre uma única cota do ETF BOVA11. O objetivo não é o lucro, mas sim familiarizar-se com o processo e perceber que não é nenhum bicho de sete cabeças.
3. **Desenhe sua Alocação Ideal:** Pegue um papel e defina qual seria a sua distribuição ideal de investimentos. Por exemplo: 50% Renda Fixa, 25% Ações/ETFs, 25% FIIs. Não importa se você não tem o dinheiro agora,

o importante é ter o mapa.

4. **Agende sua Revisão:** Coloque um lembrete no seu calendário para daqui a seis meses com o título: "Revisar e Rebalancear Carteira de Investimentos". Isso transforma uma boa intenção em um compromisso.

Capítulo 9: O Sistema de Automação Financeira

9.1 Desenhando o Fluxo do Dinheiro Automático

Você já se perguntou por que as empresas mais bem-sucedidas do mundo operam com base em sistemas e não em talentos individuais isolados? Porque sistemas são previsíveis, confiáveis e eliminam o erro humano. Agora, imagine aplicar essa mesma lógica à sua vida financeira.

A maioria das pessoas trata o próprio dinheiro como um malabarista amador tentando manter cinco bolas no ar ao mesmo tempo: uma para o aluguel, outra para o supermercado, uma para a fatura do cartão, outra para uma pequena poupança e a última para um lazer qualquer. É cansativo, estressante e, inevitavelmente, uma das bolas vai cair.

A automação financeira é o equivalente a construir uma esteira transportadora inteligente para o seu dinheiro. Em vez de malabarismo, você desenha um mapa claro, um fluxo onde cada real sabe exatamente para onde ir no momento em que entra na sua conta, sem que você precise pensar nisso.

O conceito central é simples, mas revolucionário: **você se paga primeiro, de forma automática.**

Vamos visualizar esse fluxo. Imagine sua conta corrente principal como um grande reservatório de água que é preenchido uma vez por mês, no dia do seu pagamento. A partir dali, canos automáticos desviam a água para diferentes caixas d'água menores, cada uma com um propósito específico:

1. **O Cano dos Investimentos (Longo Prazo):** Assim que o dinheiro chega, o primeiro cano desvia automaticamente 10%, 15% ou 20% (o que você definiu no seu plano) diretamente para a sua conta na corretora de valores. Esse dinheiro nem sequer esquenta na sua conta principal. Ele vai direto trabalhar para o seu futuro, comprando seus ETFs, FIIs ou outros ativos.
2. **O Cano da Segurança (Metas e Emergências):** Um segundo cano desvia outra parte para uma conta de poupança separada, de alta liquidez. Aqui fica o dinheiro para a sua reserva de emergência ou para metas de curto e médio prazo, como a entrada de um carro ou uma viagem de

férias.

3. **O Cano das Obrigações (Contas Fixas):** Este é o sistema de débito automático. Aluguel, condomínio, internet, energia, plano de saúde. Todos são pagos sem que você precise levantar um dedo. O sistema garante que suas responsabilidades sejam cumpridas pontualmente.
4. **O Reservatório Final (Gastos Variáveis):** O que sobra no reservatório principal depois que esses canos automáticos fizeram seu trabalho? Esse é o seu dinheiro para viver o mês: supermercado, transporte, lazer. É o seu "orçamento da vida real", e você pode gastá-lo sem culpa, pois sabe que seu futuro já foi cuidado.

História de Sucesso: O Fim da Ansiedade de Marina Marina, uma designer de 32 anos, vivia em um ciclo de estresse. Ela ganhava bem, mas todo final de mês era um mistério. "Eu sentia que o dinheiro simplesmente evaporava", conta. A ideia de investir parecia um sonho distante. Após desenhar seu fluxo automático, a mudança foi imediata. No dia do pagamento, uma transferência programada enviava R$ 800 para sua corretora e R$ 400 para sua reserva. As contas eram pagas em débito automático. "Na primeira semana, foi estranho ver a conta corrente 'menor'", ela admite. "Mas depois de dois meses, a paz que eu senti foi indescritível. Pela primeira vez, eu não estava salvando o que sobrava; eu estava gastando o que sobrava depois de salvar. Isso mudou tudo."

Desenhar esse mapa é o seu ato mais importante de planejamento estratégico. Você está criando uma arquitetura para a sua riqueza, uma que funciona para você, e não contra você.

9.2 Dia do Pagamento: A Sequência Exata de Distribuição

O dia do pagamento não deveria ser um momento de alívio temporário seguido por ansiedade. Deveria ser o dia em que sua máquina de riqueza é abastecida e começa a operar com precisão. Para que isso aconteça, a ordem das operações é fundamental.

Pense nisso como a rotina de decolagem de um avião. Os pilotos seguem um checklist rigoroso, na mesma ordem, todas as vezes, para garantir um voo seguro. A sua sequência de distribuição de dinheiro é o seu checklist para uma decolagem financeira segura e bem-sucedida todos os meses.

Aqui está a sequência exata, passo a passo, que você deve programar para acontecer no dia em que seu salário cai na conta (ou no dia útil seguinte):

- **Passo 1: A Transferência para a Liberdade (Investimentos).**
- **Ação:** Programe uma transferência automática (Pix ou TED programado) da sua conta principal para a sua conta na corretora de valores.
- **Por que é o primeiro passo?** Porque prioriza seu futuro. Ao tirar esse dinheiro do seu alcance imediato, você elimina a tentação de gastá-lo. Este é o verdadeiro significado de "pagar a si mesmo primeiro". Você está pagando à sua versão futura, a pessoa financeiramente independente que você está construindo.
- **Passo 2: A Transferência para a Tranquilidade (Metas e Emergências).**
- **Ação:** Programe uma segunda transferência automática da sua conta principal para a sua conta de poupança ou CDB de liquidez diária, onde fica sua reserva de emergência e suas economias de curto prazo.
- **Por que é o segundo?** Porque a segurança vem logo após o crescimento. Antes de pensar em gastar, você garante que sua rede de proteção está sendo construída e mantida.
- **Passo 3: A Automação das Obrigações (Contas Fixas).**
- **Ação:** Verifique se todas as suas contas recorrentes (aluguel, energia, água, internet, seguros, assinaturas) estão cadastradas em débito automático.
- **Por que é o terceiro?** Porque depois de cuidar do futuro e da segurança, você cumpre suas responsabilidades presentes. Isso evita multas por atraso, estresse com datas de vencimento e a carga mental de gerenciar boletos.
- **Passo 4: A Liberação para a Vida (Gastos do Dia a Dia).**
- **Ação:** O valor que resta na sua conta corrente após as três etapas anteriores é o seu orçamento para gastos variáveis.

- **Por que é o último?** Porque esta é a consequência de um bom planejamento. Você não precisa mais se perguntar "será que posso comprar isso?". Se o dinheiro está na conta, a resposta é sim. Você pode gastá-lo com total tranquilidade, sabendo que todas as suas outras prioridades financeiras já foram atendidas.

Essa sequência transforma a gestão financeira de um ato de disciplina constante em um evento único de configuração. Você faz o trabalho pesado uma vez, e o sistema cuida do resto.

9.3 O Papel das Corretoras e Bancos Digitais

Se a automação financeira fosse um carro de corrida, os bancos digitais e as corretoras modernas seriam o motor turbo e o chassi de fibra de carbono que o tornam possível. Há dez ou quinze anos, implementar um sistema como o que descrevemos seria caro, complicado e acessível apenas para clientes de alta renda. Hoje, é gratuito e está a poucos cliques de distância no seu celular.

A tecnologia financeira (FinTech) demoliu as barreiras que mantinham as pessoas comuns longe de uma gestão de dinheiro eficiente. Entender como usar essas ferramentas é crucial para o seu sucesso.

Bancos Digitais: O Centro de Comando

Os bancos digitais são a peça central do seu fluxo de caixa. Eles são ideais para serem o seu "reservatório principal" por algumas razões-chave:

- **Taxas Zero:** A maioria não cobra taxas de manutenção de conta ou para realizar transferências (TED/Pix), o que significa que seu dinheiro não é corroído por custos desnecessários.
- **Agendamento Fácil:** A interface de seus aplicativos é projetada para ser intuitiva. Programar um Pix ou TED mensal para a sua corretora e para a sua conta de poupança leva menos de dois minutos.
- **Débito Automático Simplificado:** Cadastrar contas em débito automático é um processo simples e transparente, geralmente feito direta-

mente pelo aplicativo.

- **"Cofrinhos" e "Caixinhas":** Muitos oferecem funcionalidades que permitem separar dinheiro dentro da mesma conta para objetivos específicos, rendendo diariamente a uma taxa próxima de 100% do CDI. Isso é perfeito para guardar o dinheiro de metas de curto prazo.

Corretoras de Valores: A Fábrica de Riqueza

A sua corretora é para onde o dinheiro do seu futuro vai. É lá que a mágica dos juros compostos acontece. As corretoras modernas também abraçaram a automação:

- **Investimentos Programados:** Algumas plataformas permitem que você configure compras recorrentes de determinados ativos. Você pode, por exemplo, programar a compra de R$ 500 em um ETF de Ibovespa todo dia 10, automatizando não apenas a transferência, mas o próprio ato de investir.
- **Taxa de Corretagem Zero:** Muitas corretoras zeraram a taxa de corretagem para a compra de ações, FIIs e ETFs, tornando o investimento periódico e de baixo valor totalmente viável.
- **Acesso Descomplicado:** A abertura de conta é online, rápida e sem burocracia. O acesso a uma vasta gama de produtos de investimento, que antes era restrito, agora é universal.

O segredo é usar essas ferramentas em conjunto. O banco digital gerencia o seu fluxo de caixa mensal, e a corretora cuida do crescimento do seu patrimônio a longo prazo. Ao combiná-los, você cria um ecossistema financeiro pessoal que é robusto, eficiente e, o mais importante, automático.

9.4 Eliminando a Força de Vontade da Equação

Qual é o recurso mais escasso e menos confiável que você possui quando se trata de tomar decisões difíceis? A sua força de vontade.

Pense na força de vontade como a bateria de um celular. Você acorda com ela em 100%. Cada decisão que toma ao longo do dia—o que vestir, que caminho pegar para o trabalho, como responder a um e-mail estressante, resistir àquele doce depois do almoço—consome um pouco dessa bateria. Ao final do dia, quando você está cansado e com a bateria em 15%, é muito mais provável que tome uma decisão impulsiva, como pedir um delivery caro em vez de cozinhar ou comprar algo online que não precisa.

Os métodos financeiros tradicionais falham porque dependem inteiramente da sua força de vontade. Eles pedem que você, todos os dias, faça a escolha consciente de não gastar, de economizar, de transferir dinheiro para a poupança. Eles estão pedindo para você lutar uma batalha perdida contra a sua própria biologia.

A automação é a sua arma secreta nessa guerra. **Ela não tenta fortalecer sua força de vontade; ela a torna irrelevante.**

Ao criar um sistema onde o dinheiro para seus investimentos é transferido antes mesmo de você ter a chance de vê-lo em sua conta principal, você não precisa mais *decidir* investir. A decisão já foi tomada, uma única vez, quando você configurou o sistema. O sistema executa por você.

É o mesmo princípio de quem quer começar a correr de manhã. A "Maneira Antiga" é contar com a força de vontade para acordar mais cedo, se vestir e sair. A "Nova Maneira" é dormir com a roupa de corrida e deixar os tênis ao lado da cama. Você reduz o atrito e o número de decisões, tornando a ação quase inevitável. A automação financeira é o equivalente a já acordar vestido para a corrida.

História de Sucesso: O "Esquecimento" de Carlos Carlos, 41 anos, era um "poupador de sobras". Todo mês, ele prometia a si mesmo que guardaria o que sobrasse do salário. O problema? Nunca sobrava nada. Sempre aparecia uma "oportunidade" ou uma "necessidade" de última hora. Frustrado, ele configurou uma transferência automática de 15% do seu salário para uma corretora no dia do pagamento. "Nos primeiros meses, eu senti falta daquele dinheiro na conta", ele diz. "Mas depois do terceiro mês, algo curioso aconteceu: eu esqueci. Meu cérebro se adaptou ao novo valor disponível para gastar. Hoje, quando olho o extrato da corretora, me sinto um gênio financeiro, mas a verdade é que o gênio é o sistema. Eu só fiz a parte fácil de apertar alguns botões uma única vez."

Deixe de ser o gerente ativo e estressado do seu dinheiro e torne-se o arquiteto inteligente do sistema. Projete um fluxo que sirva aos seus objetivos e depois saia do caminho. Deixe a máquina trabalhar. A sua paz de espírito agradecerá.

9.5 Monitoramento Passivo: Checando Apenas Uma Vez por Mês

Uma vez que sua máquina de automação financeira está montada e funcionando, um novo perigo surge: a obsessão por monitoramento. A tecnologia que nos permite automatizar também nos dá acesso 24/7 a cotações de ações, saldos de contas e rentabilidade de investimentos. Isso pode gerar uma nova forma de ansiedade.

Ver o mercado de ações cair 2% em um dia pode levar a decisões de pânico. Ver o saldo da conta de investimentos crescer pode gerar excesso de confiança. Ambas as reações são prejudiciais à sua estratégia de longo prazo.

A beleza do seu sistema automático é que ele foi projetado para funcionar sem sua interferência constante. Ele foi feito para que você possa focar no que realmente importa: viver sua vida. Por isso, você precisa adotar uma filosofia de **monitoramento passivo**.

Isso significa substituir o hábito de checar seus aplicativos financeiros diariamente por um ritual de revisão mensal, calmo e organizado.

O Check-in Financeiro de 30 Minutos

Escolha um dia específico do mês—pode ser o último domingo, por exemplo—para realizar seu check-in. Pegue um café, sente-se em um lugar tranquilo e dedique no máximo 30 minutos a essa tarefa.

Seu checklist de revisão mensal deve ser simples:

1. **Verifique as Transferências Automáticas (5 minutos):** Abra o extrato da sua conta principal e confirme se as transferências programadas para a corretora e para a poupança foram executadas corretamente.
2. **Confira os Débitos Automáticos (5 minutos):** Dê uma olhada rápida nas suas contas fixas para garantir que todas foram pagas e não há cobranças inesperadas.
3. **Analise a Fatura do Cartão de Crédito (10 minutos):** Revise seus gastos variáveis. Não para se culpar, mas para entender seus padrões. Você está alinhado com o seu "Dinheiro da Culpa Zero"? Houve alguma despesa surpreendente que precisa ser planejada para o futuro?
4. **Olhe o Saldo dos Investimentos (5 minutos):** Abra o aplicativo da corretora. Olhe o valor total. Não se preocupe com a variação diária. O objetivo é apenas ver o progresso geral e confirmar que os aportes mensais estão se acumulando. Lembre-se: você está em uma maratona, não em uma corrida de 100 metros.
5. **Ajuste se Necessário (5 minutos):** O sistema está funcionando? Se sim, feche tudo e vá aproveitar seu dia. Se algo saiu do curso—uma nova despesa fixa surgiu, por exemplo—faça o pequeno ajuste necessário no sistema para o próximo mês.

Este ritual de monitoramento passivo alcança dois objetivos cruciais: mantém você informado sobre a saúde do seu sistema sem sobrecarregá-lo com informações inúteis, e o treina para pensar como um investidor de longo prazo, focando no processo e não no ruído do dia a dia.

Passos de Ação

1. **Desenhe seu Fluxo:** Pegue papel e caneta e literalmente desenhe o mapa do seu dinheiro. Qual conta será o reservatório principal? Para quais contas (corretora, poupança) o dinheiro será desviado? Defina as porcentagens ou valores exatos.
2. **Configure as Transferências:** Abra o aplicativo do seu banco agora

mesmo e programe as transferências automáticas para o dia seguinte ao seu próximo pagamento. Comece com a transferência para a sua corretora e, em seguida, para a sua reserva de emergência.

3. **Agende seu Check-in Mensal:** Coloque um lembrete recorrente na sua agenda ou calendário para o seu "Check-in Financeiro de 30 Minutos". Trate esse compromisso com a mesma seriedade de uma reunião de trabalho importante.

Capítulo 10: Independência Financeira e Aposentadoria

10.1 O Conceito FIRE (Financial Independence, Retire Early)

Você já parou para pensar se o roteiro tradicional de "trabalhar até os 65 anos" é a única opção? E se houvesse um caminho diferente? Um caminho onde você, e não a sua idade, decide quando o trabalho se torna opcional?

Bem-vindo ao mundo do **FIRE** — um acrônimo para *Financial Independence, Retire Early* (Independência Financeira, Aposentadoria Antecipada). Mas não se assuste com o "aposentadoria antecipada". Para a maioria das pessoas, não se trata de parar de trabalhar para passar o dia de pijama, mas sim de ter a **liberdade de escolher** o trabalho que você ama, nos seus próprios termos, sem depender do salário para pagar as contas.

A lógica do FIRE é radicalmente simples: em vez de focar em quanto você ganha, o movimento foca em quanto você **guarda e investe**. O objetivo é acumular um patrimônio tão significativo que os rendimentos gerados por ele (sua renda passiva) sejam suficientes para cobrir todas as suas despesas anuais. Quando você atinge esse ponto, o dinheiro para de ser uma necessidade e se torna uma ferramenta. Você alcançou a independência financeira.

Imagine seu patrimônio como uma "gansa dos ovos de ouro". Enquanto você trabalha, você está alimentando e cuidando dessa gansa. No momento em que ela começa a botar ovos de ouro (rendimentos) em quantidade suficiente para você viver, você não precisa mais trabalhar para comprar comida. Você pode viver dos ovos, deixando a gansa intacta para continuar produzindo.

A principal alavanca para acelerar esse processo é a sua **taxa de poupança**. Alguém que economiza 10% da sua renda pode levar mais de 40 anos para se aposentar. Alguém que consegue economizar 50% pode atingir a independência financeira em menos de 15 anos. É uma matemática brutal, mas libertadora.

O movimento FIRE não é um clube monolítico. Existem diferentes abordagens, que se adaptam a diferentes estilos de vida:

- **Lean FIRE:** Para os minimalistas. O objetivo é viver com um orçamento extremamente enxuto, o que significa que o patrimônio necessário para a independência é menor e, portanto, alcançável mais rapidamente. Pense em pessoas que valorizam a simplicidade acima do consumo.
- **Fat FIRE:** O oposto. O objetivo é manter um estilo de vida de alto padrão na aposentadoria, o que exige um patrimônio muito maior. É para quem quer a liberdade sem abrir mão de viagens, restaurantes caros e luxos.
- **Barista FIRE:** Uma abordagem híbrida. Você acumula o suficiente para cobrir a maior parte das suas despesas, mas complementa a renda com um trabalho de meio período ou um projeto que você ama, muitas vezes apenas para garantir benefícios como um plano de saúde (daí o nome "Barista", comum nos EUA).
- **Coast FIRE:** Este é um marco poderoso. É o ponto em que você já investiu o suficiente para que, mesmo que nunca mais invista um centavo, o crescimento composto do seu patrimônio atual garanta uma aposentadoria confortável na idade tradicional. Atingir o Coast FIRE remove uma pressão imensa, pois cada real ganho a partir dali pode ser usado com mais liberdade.

História de Sucesso: O Despertar de Clara

Clara, uma arquiteta de 32 anos, sentia-se presa em um ciclo de projetos estressantes e prazos impossíveis. Ela ganhava bem, mas seu dinheiro desaparecia em jantares caros, roupas novas e escapadas de fim de semana para "compensar" o estresse. Um dia, ela se deparou com o conceito de FIRE. A ideia não era parar de projetar, sua paixão, mas ter a liberdade de recusar clientes tóxicos e focar em projetos com propósito. Ela mergulhou de cabeça. Em vez de comprar um carro novo, manteve o antigo. Reduziu os jantares fora pela metade e começou a cozinhar mais com os amigos em casa. Em dois anos, ela aumentou sua taxa de poupança de 15% para 45%. Ela ainda não atingiu a independência total, mas já alcançou o "Coast FIRE". A sensação de saber que seu futuro está garantido mudou tudo. Ela agora trabalha com uma leveza e uma confiança que nunca teve, escolhendo apenas os projetos que a inspiram.

FIRE não é sobre privação, é sobre **intencionalidade**. É sobre alinhar seus gastos com seus valores mais profundos, em vez de seguir o fluxo do consumo. É a pergunta definitiva: "Estou trocando meu tempo de vida por algo que realmente importa para mim?".

10.2 Calculando seu Número Mágico de Liberdade

Quanto dinheiro você realmente precisa para nunca mais ter que trabalhar por dinheiro? Essa pergunta parece pertencer a um sonho distante, mas a resposta é surpreendentemente concreta e calculável. Não é um número infinito. É o seu "Número Mágico", ou o seu "Número de Independência Financeira".

Para descobrir esse número, usamos uma diretriz amplamente conhecida no mundo das finanças pessoais: a **Regra dos 4%**.

Essa regra, baseada em um estudo histórico do mercado de ações, sugere que você pode retirar 4% do seu portfólio de investimentos a cada ano, com uma alta probabilidade de nunca esgotar o principal. O crescimento dos seus investimentos tende a repor (ou superar) o valor que você retira.

Então, como isso se traduz no seu número? A matemática é simples:

Seu Número Mágico = Seu Custo de Vida Anual x 25

Vamos quebrar isso. Multiplicar por 25 é o mesmo que encontrar o número do qual 4% é igual ao seu custo de vida anual.

Passo 1: Calcule seu Custo de Vida Anual Volte ao Capítulo 2 e Capítulo 5. Você já fez o trabalho duro de rastrear e categorizar seus gastos. Agora, some todas as suas despesas essenciais e de estilo de vida para encontrar seu custo de vida mensal.

Digamos que, após a análise, você descubra que seu custo de vida confortável é de R$ 5.000 por mês.

- Custo de Vida Mensal: R$ 5.000
- Custo de Vida Anual: R$ 5.000 x 12 = R$ 60.000

Passo 2: Aplique a Fórmula Agora, pegue esse valor anual e multiplique por 25.

- Número Mágico: $ 60.000 x 25 = **R$ 1.500.000**

Neste exemplo, R$ 1,5 milhão é o seu alvo. Uma vez que você tenha esse valor investido em uma carteira diversificada, você pode, teoricamente, sacar R$ 60.000 por ano (ou R$ 5.000 por mês) para viver, ajustando pela inflação, e seu patrimônio se manterá.

Este número é um divisor de águas. Ele transforma um objetivo vago ("ser rico") em uma meta específica, mensurável e alcançável. De repente, você tem um destino claro no seu mapa financeiro.

É importante entender que a Regra dos 4% é um guia, não uma lei imutável. Ela foi baseada em dados históricos do mercado americano e assume um portfólio diversificado (geralmente uma mistura de ações e títulos). Para mercados mais voláteis ou para uma segurança extra, alguns preferem usar uma taxa de retirada mais conservadora, como 3% ou 3,5% (o que significaria multiplicar seu custo anual por 33 ou 28, respectivamente).

A beleza desse cálculo é que ele coloca você no controle. Quer se aposentar com um estilo de vida mais luxuoso, custando R$ 10.000 por mês? Ótimo, seu número agora é R$ 3 milhões (R$ 120.000 x 25). Acha que pode viver feliz com R$ 3.000 por mês? Seu número cai para R$ 900.000 (R$ 36.000 x 25).

Cada real que você economiza ou cada despesa desnecessária que você corta não está apenas melhorando seu orçamento hoje; está diminuindo drasticamente a linha de chegada da sua independência financeira.

10.3 Previdência Privada vs. Carteira Própria

Ao pensar em aposentadoria, uma das primeiras coisas que vêm à mente é a previdência privada. Os bancos a promovem como a solução definitiva para o seu futuro. Mas será que ela é realmente a melhor opção, ou você estaria melhor construindo seu próprio caminho?

Vamos analisar as duas abordagens, comparando uma previdência privada (como um plano PGBL ou VGBL) com a gestão da sua própria carteira de investimentos, usando os conhecimentos que você adquiriu neste livro.

A Previdência Privada: O Pacote de Viagem

Pense na previdência privada como um pacote de viagem completo. Você paga um valor, e a agência (o banco ou seguradora) cuida de tudo. É conveniente e simples.

- **Vantagens:**
- **Simplicidade:** Você apenas transfere o dinheiro, e gestores profissionais cuidam do resto. Não é preciso escolher ativos específicos.
- **Benefícios Fiscais (PGBL):** Para quem faz a declaração completa do Imposto de Renda, o PGBL permite abater as contribuições da base de cálculo do IR, até o limite de 12% da sua renda bruta anual. Isso significa pagar menos imposto hoje.
- **Disciplina:** A natureza programada das contribuições pode ajudar a criar o hábito de poupar.
- **Desvantagens:**
- **Taxas Elevadas:** Este é o grande vilão. A maioria dos planos de previdência cobra taxas de administração altas (muitas vezes acima de 2% ao ano) e, em alguns casos, uma taxa de carregamento (um percentual sobre cada depósito). Essas taxas corroem sua rentabilidade de forma devastadora no longo prazo.
- **Baixa Flexibilidade:** Você fica preso às opções de fundos oferecidas pela instituição, que nem sempre são as melhores ou mais diversificadas. Mudar de plano (portabilidade) pode ser burocrático.

- **Rentabilidade Medíocre:** Historicamente, muitos fundos de previdência no Brasil entregam uma rentabilidade inferior a benchmarks simples, como o CDI ou o Ibovespa, justamente por causa das altas taxas e de uma gestão muitas vezes pouco arrojada.

A Carteira Própria: A Viagem Personalizada

Construir sua própria carteira é como planejar sua viagem do zero. Dá mais trabalho, mas você tem controle total sobre o destino, o roteiro e, principalmente, o custo.

- **Vantagens:**
- **Controle Total:** Você decide exatamente onde seu dinheiro será investido, alinhando a carteira ao seu perfil de risco e objetivos. Você pode escolher os melhores ETFs, ações de empresas sólidas, fundos imobiliários e títulos de renda fixa.
- **Custos drasticamente menores:** Ao investir diretamente ou via ETFs, suas taxas de administração são muito mais baixas (muitas vezes abaixo de 0,5% ao ano). Essa diferença, potencializada pelos juros compostos ao longo de décadas, pode significar centenas de milhares de reais a mais na sua aposentadoria.
- **Maior Potencial de Rentabilidade:** Com custos menores e acesso a uma gama maior de ativos, você tem um potencial de retorno significativamente maior no longo prazo.
- **Desvantagens:**
- **Exige Conhecimento e Disciplina:** Você é o gestor. Isso requer que você estude o básico (tudo o que está neste livro), mantenha a disciplina de investir regularmente e controle suas emoções durante as quedas do mercado.
- **Demanda um Pouco Mais de Tempo:** Você precisará dedicar algumas horas por mês (ou trimestre) para fazer seus aportes e, ocasionalmente, rebalancear sua carteira.

O Veredito

Para a grande maioria das pessoas dispostas a aprender o mínimo necessário, **construir uma carteira própria é a opção financeiramente superior**. A economia com taxas e o potencial de maior retorno superam a conveniência da previdência privada.

No entanto, isso não significa que a previdência privada seja inútil. Ela pode ser uma ferramenta complementar, especialmente o PGBL, usado estrategicamente para obter o benefício fiscal de 12%, caso você se enquadre no perfil. A estratégia seria: contribuir o mínimo necessário para maximizar o benefício fiscal em um bom plano com taxas baixas e direcionar o restante dos seus investimentos para sua carteira própria.

Não entregue seu futuro a taxas abusivas por pura comodidade. Assuma o controle.

10.4 Planejamento Sucessório Básico: Protegendo a Família

Falar sobre o que acontece depois que partimos é um tabu para muitos, mas ignorar o assunto é deixar para trás um problema que pode ser devastador para as pessoas que você mais ama. Planejamento sucessório não é sobre morte; é sobre **cuidado, organização e amor**. É o ato final de proteger sua família do caos financeiro e burocrático em um momento de extrema vulnerabilidade emocional.

Você não precisa ser um milionário para se preocupar com isso. Se você tem uma casa, um carro, uma conta de investimentos ou até mesmo uma reserva de emergência, você tem um patrimônio. E sem um plano, a transferência desse patrimônio pode se tornar um processo longo, caro e conflituoso.

Vamos desmistificar alguns passos básicos que você pode considerar. Lembre-se, este livro oferece uma orientação inicial; para decisões complexas, a consulta a um advogado especializado é fundamental.

1. O Inventário e a Organização de Documentos O primeiro passo, e talvez o mais simples, é criar um "manual da sua vida financeira". Em um local seguro (um cofre, uma pasta segura ou um arquivo digital criptografado), organize todas as informações importantes:

- Lista de contas bancárias e corretoras (sem senhas, apenas a instituição e o número da conta).
- Apólices de seguro de vida.
- Documentos de imóveis e veículos.
- Informações sobre dívidas pendentes.
- Contatos de pessoas importantes (seu advogado, contador, gerente do banco).

Apenas esse ato de organização já poupará sua família de uma caça ao tesouro dolorosa e estressante.

2. O Testamento: Sua Vontade Registrada Um testamento é um documento legal que expressa como você deseja que seus bens sejam distribuídos após sua morte. Sem ele, a lei decide por você, seguindo uma ordem padrão de herdeiros. Um testamento é especialmente crucial se você:

- Vive em uma união estável não formalizada.
- Deseja deixar parte de seus bens para alguém que não é um herdeiro direto (um amigo, uma instituição de caridade).
- Quer designar um tutor para seus filhos menores de idade.

Fazer um testamento é mais simples e barato do que se imagina e oferece uma clareza que previne conflitos familiares.

3. Seguro de Vida: Proteção, Não Investimento É crucial entender a diferença. Seguro de vida não é um produto para fazer seu dinheiro render; é uma ferramenta de **proteção financeira**. Se você tem dependentes (filhos, cônjuge, pais idosos) que contam com a sua renda para viver, um seguro de vida é essencial. Ele garante que, na sua ausência, eles terão um capital para se reestruturar, pagar as contas, custear a educação dos filhos e manter o padrão de vida por um tempo, sem precisar liquidar o patrimônio às pressas. O valor recebido do seguro de vida, importante notar, não entra no inventário, sendo pago diretamente aos beneficiários de forma rápida.

O planejamento sucessório é o último pilar da sua jornada de organização financeira. É a garantia de que todo o esforço que você fez para construir seu patrimônio servirá para amparar e proteger sua família, em vez de se tornar uma fonte de dor de cabeça.

10.5 O Significado de "Suficiente"

Nós calculamos o seu Número Mágico. Falamos sobre estratégias de investimento e taxas de retirada. Mas em meio a tantos números e planilhas, corremos o risco de esquecer a pergunta mais importante de todas: **o que é "suficiente" para você?**

Se não tivermos uma resposta para essa pergunta, caímos na armadilha mais perigosa da busca pela riqueza: a busca sem fim. A linha de chegada se move constantemente, e "mais" se torna o único objetivo. É o ciclo hedônico em sua forma mais perigosa, onde nenhuma conquista financeira traz satisfação duradoura.

A independência financeira não é sobre acumular a maior quantidade de dinheiro possível. É sobre acumular o **suficiente** para viver a vida que você genuinamente deseja, com liberdade, propósito e paz de espírito.

O conceito de "suficiente" é profundamente pessoal. Para alguns, pode ser a capacidade de deixar um emprego corporativo para abrir uma pequena livraria. Para outros, pode ser ter tempo livre para viajar pelo mundo ou se dedicar ao voluntariado. Para muitos, é simplesmente ter a segurança de saber que seus filhos terão uma boa educação e que a família estará amparada, aconteça o que acontecer.

Definir o seu "suficiente" é um exercício de autoconhecimento. Pergunte a si mesmo:

- Se o dinheiro não fosse um problema, como eu passaria meus dias?

- Quais atividades e relacionamentos me trazem verdadeira alegria e realização?
- O que eu quero que seja o meu legado, além de um extrato bancário?

A resposta a essas perguntas é a sua verdadeira bússola financeira. Ela ajuda a evitar o erro de sacrificar a felicidade presente em nome de um futuro de riqueza que talvez nunca chegue ou que, quando chegar, pode não trazer a satisfação esperada.

O objetivo deste livro nunca foi apenas ensinar você a ficar rico em termos numéricos. Foi sobre dar a você as ferramentas para construir uma **vida rica**. Uma vida rica em tempo, em liberdade de escolha, em experiências significativas e em tranquilidade.

O dinheiro é um servo excelente, mas um mestre terrível. Ao definir o que é "suficiente", você coloca o dinheiro em seu devido lugar: como um instrumento para construir a vida que você valoriza, e não como o objetivo final em si. A verdadeira riqueza é saber quando você chegou lá.

Passos de Ação

- **1. Explore o Movimento FIRE:** Pesquise mais sobre os diferentes tipos de FIRE (Lean, Fat, Barista) e identifique qual filosofia ressoa mais com seus objetivos de vida. Isso dará mais cor e propósito à sua jornada.
- **2. Calcule Seu Número Mágico:** Use a fórmula (Custo de Vida Anual x 25) para calcular o seu número de independência financeira. Escreva esse número em algum lugar visível. Transforme o abstrato em concreto.
- **3. Revise Sua Estratégia de Aposentadoria:** Se você tem um plano de previdência privada, investigue as taxas de administração e a rentabilidade histórica. Compare-o com o potencial de uma carteira própria de baixo custo e decida se uma mudança ou ajuste é necessário.
- **4. Dê o Primeiro Passo no Planejamento Sucessório:** Comece pelo básico. Crie uma pasta (física ou digital) e organize os documentos

financeiros mais importantes. Converse com sua família sobre onde encontrar essas informações.

- **5. Defina o "Suficiente":** Reserve 30 minutos, pegue um caderno e responda à pergunta: "O que uma vida rica significa para mim, além do dinheiro?". Descreva o que você faria com seu tempo e energia se estivesse financeiramente livre. Use essa visão como sua principal motivação.

Conclusão 11: Vivendo uma Vida Rica

11.1 A Riqueza Além do Dinheiro: Tempo e Liberdade

Chegamos ao fim desta jornada juntos. Se você chegou até aqui, é porque algo fundamental mudou dentro de você. A ansiedade que acompanhava o extrato bancário está sendo substituída por um sentimento de controle. O nevoeiro da incerteza está se dissipando, revelando um caminho claro.

Mas qual é o destino final desse caminho? É uma mansão? Um carro de luxo? Uma conta bancária com tantos zeros que você perde a conta?

Para muitos, essas são as imagens que vêm à mente quando pensamos em "riqueza". Fomos condicionados a acreditar que riqueza é sinônimo de excesso material. No entanto, o objetivo real de todo este sistema que construímos juntos não é apenas acumular dinheiro. É comprar algo infinitamente mais valioso: **a sua vida de volta**.

A verdadeira riqueza não é medida em reais, mas em unidades de tempo e liberdade. É a liberdade de escolher seu trabalho com base na paixão, não apenas no salário. É o tempo para estar presente nos momentos importantes com sua família, sem a preocupação constante com as contas. É a tranquilidade de poder dizer "sim" a uma oportunidade inesperada ou "não" a um compromisso que drena sua alma.

Pense nisso: o sistema automatizado que você aprendeu a construir não serve apenas para pagar boletos e investir. Sua função principal é libertar sua mente. Ao eliminar a necessidade de tomar centenas de pequenas decisões financeiras todos os meses, você libera uma quantidade imensa de energia mental. Essa energia pode agora ser redirecionada para o que realmente importa: sua saúde, seus relacionamentos, sua criatividade e seu crescimento pessoal.

Conheci a história de Mariana, uma arquiteta talentosa que passava mais de dez horas por dia em um escritório de grande prestígio. Ela ganhava bem, mas vivia em um estado de exaustão crônica, sentindo que estava perdendo a infância dos seus filhos. O dinheiro entrava, mas a vida escorria por entre os dedos. Ao aplicar os princípios deste livro, ela organizou suas finanças, eliminou dívidas e construiu um sistema de investimentos automáticos. Em dois anos, ela não era milionária, mas tinha algo melhor: uma reserva de segurança robusta e uma fonte de renda passiva crescente. Isso lhe deu a coragem de pedir demissão e abrir seu próprio ateliê em casa. Ela passou a ganhar 30% menos, mas sua "riqueza" real triplicou. Ela agora leva os filhos à escola, trabalha em projetos que a inspiram e viaja com a família sem um pingo de culpa.

A história de Mariana é o retrato da nova lógica do dinheiro. Não se trata de privação, mas de alinhamento. Trata-se de usar o dinheiro como uma ferramenta para esculpir a vida que você deseja, em vez de ser escravizado por ele.

O maior dividendo que seu plano financeiro pagará não será monetário. Será a paz de espírito ao deitar a cabeça no travesseiro à noite, sabendo que seu futuro está sendo cuidado, e que você tem a liberdade de viver plenamente o seu presente. Isso é viver uma vida rica.

11.2 Manutenção do Sistema: Revisões Anuais

Você construiu a máquina. Projetou o motor, conectou as engrenagens e a abasteceu. Agora, ela está funcionando nos bastidores, gerando segurança e crescimento para você 24 horas por dia. A beleza desse sistema é sua autonomia. Mas, como qualquer motor de alto desempenho, ele precisa de uma revisão periódica para garantir que continue funcionando com eficiência máxima.

Isso não significa que você precisa voltar a conferir seu extrato bancário todos os dias. Longe disso. O objetivo é manter a mentalidade de "monitoramento passivo", mas com um ponto de checagem estratégico. Proponho que você institua o seu "Dia da Revisão Financeira Anual".

Escolha uma data fixa no calendário que seja fácil de lembrar—pode ser seu aniversário, o primeiro dia do ano ou o aniversário de quando você leu este livro. Nesse dia, você dedicará algumas horas para fazer um check-up completo, como levar seu carro para a revisão anual.

O que você deve verificar?

- **Seus Objetivos de Vida:** O que mudou no último ano? Você se casou, teve um filho, decidiu mudar de carreira ou planeja uma grande viagem? Seus objetivos financeiros devem sempre estar alinhados com seus objetivos de vida. Um novo objetivo pode exigir um ajuste na sua taxa de poupança ou na alocação dos investimentos.
- **Sua Renda:** Você recebeu um aumento ou sua renda como autônomo cresceu? Ótimo! A primeira coisa a fazer é reajustar o valor das suas transferências automáticas. Aumente proporcionalmente o valor destinado aos investimentos, à reserva de emergência (se ainda em construção) e ao seu "dinheiro da culpa zero". Não caia na armadilha de inflar seu custo de vida na mesma proporção do seu aumento.
- **Sua Carteira de Investimentos:** Uma vez por ano, é o momento de olhar para a sua carteira e verificar se ela precisa de rebalanceamento. Se você definiu uma alocação de 80% em ETFs e 20% em Fundos Imobiliários, e as ações tiveram uma performance espetacular, talvez essa proporção tenha mudado para 90/10. O rebalanceamento nada mais é do que "vender na alta e comprar na baixa" para retornar à sua estratégia original, mantendo seu nível de risco sob controle.
- **Sua Reserva de Emergência:** Seu custo de vida aumentou? O aluguel subiu ou a escola das crianças teve reajuste? Verifique se o valor da sua reserva de emergência ainda cobre de 3 a 6 meses das suas despesas essenciais. Se não, trace um plano para completar o valor.

Esta revisão anual não é para ser um processo estressante. Pelo contrário, é um ato de poder e controle. É o momento em que você, como o CEO da sua vida financeira, analisa os resultados, faz pequenos ajustes estratégicos e define o curso para o próximo ano, garantindo que a máquina continue trabalhando para você da forma mais eficiente possível.

11.3 Ensinando Próximas Gerações

O maior legado que você pode deixar não é o dinheiro que você acumula, mas a sabedoria que você compartilha. Você acaba de passar por um processo de transformação. Quebrou crenças limitantes, aprendeu a usar o dinheiro como uma ferramenta e construiu um sistema para sua liberdade. Agora, você tem a oportunidade de quebrar um ciclo e garantir que seus filhos, sobrinhos ou outras crianças em sua vida comecem sua jornada financeira com uma vantagem que você nunca teve.

Ensinar finanças para crianças não precisa ser chato ou complicado. O segredo é transformar conceitos abstratos em lições práticas e adequadas à idade.

- **Para Crianças Pequenas (5 a 10 anos):** A melhor ferramenta é um sistema de mesada simples, dividido em três potes ou envelopes transparentes: um para **Gastar**, um para **Poupar** (para um objetivo maior, como um brinquedo caro) e um para **Doar**. Essa é a primeira lição prática sobre orçamento e sobre o poder de adiar a gratificação. Eles aprendem que o dinheiro é finito e que escolhas precisam ser feitas.
- **Para Pré-adolescentes (11 a 14 anos):** Este é o momento de introduzir o conceito de "fazer o dinheiro trabalhar". Leve-os para abrir uma conta poupança no nome deles. Mostre o extrato e explique os juros como um "dinheiro mágico" que o banco paga por eles guardarem o dinheiro lá. Envolva-os em decisões financeiras da família, como pesquisar preços para uma compra ou ajudar a planejar o orçamento de uma pequena viagem de fim de semana.
- **Para Adolescentes (15 a 18 anos):** As conversas podem ser mais sofisticadas. Explique a diferença entre um cartão de débito e um de crédito. Fale abertamente sobre os perigos da dívida. Incentive-os a ter um trabalho de meio período, não apenas pelo dinheiro, mas pela experiência de ganhar o seu próprio sustento. Este é o momento perfeito para a primeira lição sobre investimentos.

Carlos, um engenheiro que seguiu este método, me contou uma história poderosa. Ele cresceu vendo seus pais brigarem por causa de dívidas de cartão de crédito. A palavra "dinheiro" em sua casa era sinônimo de estresse. Determinado a não repetir a história, quando seu filho fez 16 anos, em vez de dar um presente caro, Carlos sentou-se com ele e abriu uma conta em uma corretora com um valor simbólico. Juntos, eles compraram uma única cota de um ETF que segue o principal índice da bolsa. "Isso aqui", disse Carlos ao filho, "é um pequeno pedaço das maiores empresas do país. Agora, você é sócio delas. Vamos acompanhar juntos como esse pedacinho cresce com o tempo." Naquele dia, ele não deu ao filho apenas um investimento; ele lhe deu o dom da mentalidade de investidor.

Não transforme essas lições em sermões. Torne-as conversas. Compartilhe seus próprios erros e aprendizados. Ao fazer isso, você não está apenas ensinando sobre dinheiro; está ensinando sobre responsabilidade, paciência e planejamento—habilidades para uma vida inteira de sucesso e tranquilidade.

11.4 Palavras Finais: Comece Hoje

A distância entre a vida que você tem e a vida que você sonha é chamada de ação. Você leu as histórias, aprendeu as estratégias e entendeu a filosofia. Agora, o conhecimento precisa se transformar em movimento.

O maior erro que você pode cometer neste exato momento não é aplicar o sistema de forma imperfeita. É não aplicar sistema nenhum. É fechar este livro, sentir-se inspirado por alguns dias e depois deixar que a inércia da vida o puxe de volta para os velhos hábitos.

A paralisia por análise é o inimigo número um do progresso financeiro. Você não precisa do plano perfeito. Você precisa de um plano bom que seja executado *hoje*. A clareza não vem da reflexão infinita; ela vem do engajamento. Você ajustará o curso ao longo do caminho.

Lembre-se da transformação que este livro prometeu: levá-lo de um estado de ansiedade e sobrevivência para um de controle, segurança e crescimento.

Cada capítulo foi um passo nessa direção. Mas a jornada só se torna real quando você dá o primeiro passo no mundo fora destas páginas.

Então, eu peço que você faça uma coisa. Uma única coisa, antes de seguir com o seu dia.

Não amanhã. Não na próxima semana. Agora.

- Pode ser abrir o aplicativo do seu banco e agendar a primeira transferência automática para uma conta de investimentos, mesmo que seja um valor pequeno.
- Pode ser pegar papel e caneta e calcular seu patrimônio líquido pela primeira vez, para ter um ponto de partida claro.
- Pode ser identificar e cancelar aquela assinatura "vampira" que você não usa há meses.

Escolha uma ação. A menor que seja. E execute-a.

Esse pequeno ato de comprometimento enviará uma mensagem poderosa para o seu cérebro: "A mudança começou."

A paz financeira não é um destino mítico reservado para os ricos. É o resultado diário de um sistema simples e de hábitos consistentes. O controle está em suas mãos. A liberdade está ao seu alcance.

Obrigado por me permitir acompanhá-lo nesta jornada. Agora, o próximo capítulo é você quem escreve.

Comece hoje.

Resumo do Capítulo: Passos para uma Vida Rica

- **Riqueza é Tempo e Liberdade:** O verdadeiro objetivo de organizar suas finanças não é apenas acumular dinheiro, mas comprar de volta seu tempo e sua liberdade de escolha, permitindo que você viva uma vida alinhada com seus valores.
- **Faça a Revisão Anual:** Seu sistema financeiro é automatizado, mas não

deve ser esquecido. Defina uma data anual para revisar seus objetivos, sua renda, sua carteira de investimentos e sua reserva de emergência, fazendo pequenos ajustes para manter tudo nos trilhos.

- **Ensine a Próxima Geração:** Quebre o ciclo de analfabetismo financeiro. Use conceitos práticos e adequados à idade para ensinar crianças e adolescentes sobre como gastar, poupar, doar e investir. Seu maior legado é a sabedoria.

Aja Agora: O conhecimento sem ação é inútil. O maior risco é a inércia. Escolha uma única e pequena tarefa deste livro e execute-a imediatamente para iniciar sua transformação financeira.

www.ingramcontent.com/pod-product-compliance
Lightning Source LLC
LaVergne TN
LVHW051352061026
849535LV00009B/3135
* 9 7 8 1 9 9 7 7 4 9 5 4 7 *